貨物列車で行こう!

You must take the freight train!

長田昭二

文藝春秋

貨物列車で行こう!

You must take the freight train

目 次

1

ついに貨物列車に乗る！　8

貨物線を歩く／乗れないから乗りたい――そこにロマンがある／人知れず日本の物流を支える駅／極限までのスリム化／「拳一つ分」の隙間／動力車の拠点「機関区」／ついに貨物列車に乗る！／突然の鉄道無線／いよいよ「貨物専用線」に進入／東京で貨物列車を見ない理由

2

ルポ・東京貨物ターミナル　44

鉄道貨物の全容を見るべく「東京タ」へ／貨物列車に乗って貨物駅に向かう／「新鶴見信号場」とは／梯子段を登る「垂直乗車」／「ブレーキ、ゆるめーゆるめー！」／心躍る〝短絡線〟／「いよいよ来たか……」貨物列車は地下へ／羽田空港の下を通る点線＝東京港トンネルへの憧れ／昭和で見た夢が令和に実現／添乗区間が延長した！／「東京タ」の構内をほぼ二往復／輸送量は毎年前年比約一〇三％の伸び／高まる大型コンテナのニーズ／親切設計の「レールゲート」

／日本最大の貨物駅にある「中央研修センター」に潜入／異常発生時の対応を学ぶシミュレーター／ここに座った以上は定時運行遂行の義務がある／「輸送指令」は〝二度呼び〟が基本／懐中電灯一つで長大な列車を点検

3

ＪＲ貨物トップインタビュー

経営改革と未来の貨物輸送

85

「変えるをよし」の企業風土が自信をもたらした／南海トラフ地震への対策／経営が厳しいＪＲ旅客会社が増えた現状／貨物輸送の新提案・新幹線による鉄道輸送は？／総合的な輸送体系「モーダルコンビネーション」という概念／「安全」のための人材確保と労働環境の整備が不可欠／あらゆる物流の集積地点「東京レールゲートＷＥＳＴ」／銀行員、ハウステンボス……様々な経験から生まれた経営軸／「企業として安全はすべての基盤である」／原風景は「貨物列車のある情景」／「ベテランから若手へ」鉄道を支える、技術を受け継ぐ仕組み／運転士によるリレー方式――確立された輸送体系が強み／鉄道貨物が抱える問題をテクノロジーで解決できるか／従来の設備を有効活用「積替ステーション」／「空荷」を解消した「ビール列車」

4
広島車両所探訪記
106

重要拠点・広島／迂回運転を実現した「匠の技」／歴史を刻む広島車両所／「日本一」の車両所／全般検査と重要部検査／歴史ゆえの「使いにくさ」／「走って磨かれて輝く」車輪／時に親子、時に兄弟／機関車にはトイレがない／憧れの〝車掌車〟の現実／ベテランから若手へ「技の伝承」／車両所は「大きな家族」

5
広島貨物ターミナル駅―西条駅

「セノハチ」貨物列車添乗ルポ

142

フィーダー輸送の拠点／数字に出てこない忙しさ／日本一のフォークリフトドライバー／営業面の司令塔／もし列車が遅れたら……信号扱い所の修羅場／〝途中下車〟できない貨物は……／鉄道マンにとっての〝難所〟はマニアにとっての〝名所〟／九州と首都圏を結ぶ物流の大動脈／居住性に優れた運転室／無線の通信に湧き上がる感動／普段乗れない貨物線を走行／本格的な上り坂へ――補機本来の業務開始／上り線には架線が二本／「紙」が載っている列車は重い

／「ノッチオフお願いします。どうぞ」／登りきって連結を外す／「ポウッ！」遠ざかる本務機／待ち時間も切らさない集中力／「発車！」「進行！」一人ぽっちで走り始める／視界も広く、軽快に走る／帰りのほうが忙しい／シカ、イノシシ……夜に遭遇する動物たち／登りと同じ十三分で「瀬野八」を下り終える／列車は貨物専用線へ。時速八十キロで快走／廃車を待つ〝もみじ色〟の機関車／機関区長のお出迎え／物流を支えるプロの技と知恵

6

貨物列車添乗ルポ
「文藝春秋」を北に追え！　200

大きなミッションを持って貨物列車に乗り込む／「文藝春秋」十月号の積み込みを見学／貨物の積み下ろしや旅客の乗降は行わない「青森信号場」へ／貨物列車でなければ通れない区間に感じるロマン／中村さんが席を譲ってくれた理由が判明／トンボが乱舞する田園地帯を疾走／青函トンネル五十三キロを貨物列車はひた走る／世界第四位、長大トンネルの入り口／運転士の眠気対策は？／地上に出たと思ったら次々とトンネルが……／津軽海峡と函館山を望む〝絶景路線〟／急に無数の線路と並走するようになり……／三〇五九列車は定刻より

二分遅れで到着／「北斗９号」で三〇五九列車を追跡／コンテナ貨物取扱量全国二位の「札幌タ」／十七時間五十分の鉄路の旅／「盛りだくさん」にもほどがある一日の終わり／一日半ぶりの対面／ゴールに到着した「文藝春秋」／「イクラ丼」か「混載丼」か／「あとがき」に代えて

1 ついに貨物列車に乗る！

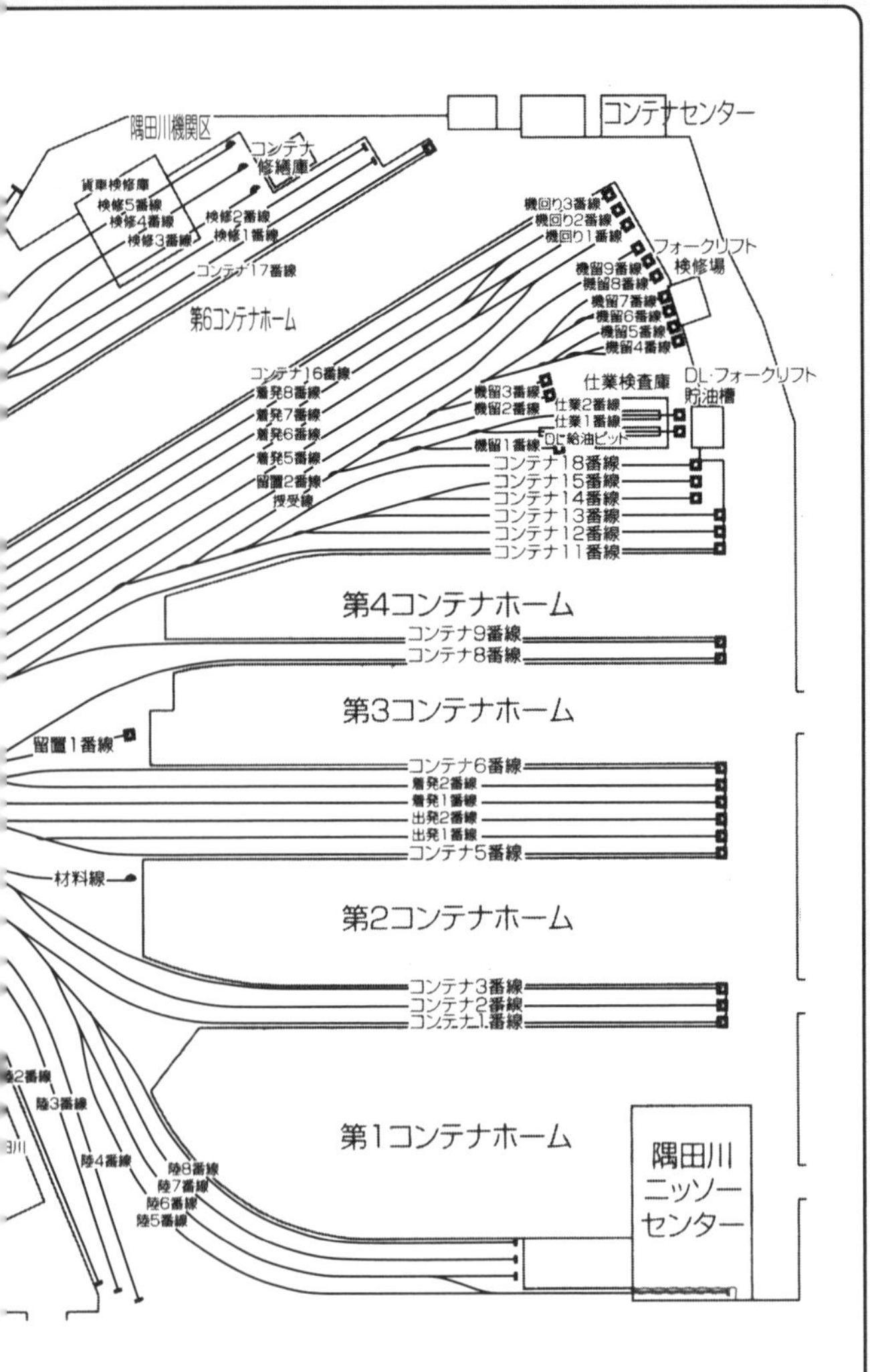

隅田川機関区
コンテナセンター
コンテナ修繕庫
貨車検修庫
検修5番線
検修4番線
検修3番線
検修2番線
検修1番線
コンテナ17番線
第6コンテナホーム
機回り3番線
機回り2番線
機回り1番線
フォークリフト検修場
機留9番線
機留8番線
機留7番線
機留6番線
機留5番線
機留4番線
コンテナ16番線
着発8番線
着発7番線
着発6番線
着発5番線
留置2番線
授受線
機留3番線
機留2番線
仕業検査庫
仕業2番線
仕業1番線
DL給油ピット
機留1番線
DL·フォークリフト貯油槽
コンテナ18番線
コンテナ15番線
コンテナ14番線
コンテナ13番線
コンテナ12番線
コンテナ11番線
第4コンテナホーム
コンテナ9番線
コンテナ8番線
第3コンテナホーム
留置1番線
コンテナ6番線
着発2番線
着発1番線
出発2番線
出発1番線
コンテナ5番線
材料線
第2コンテナホーム
コンテナ3番線
コンテナ2番線
コンテナ1番線
陸3番線
陸4番線
陸8番線
陸7番線
陸6番線
陸5番線
第1コンテナホーム
隅田川ニッソーセンター

隅田川駅

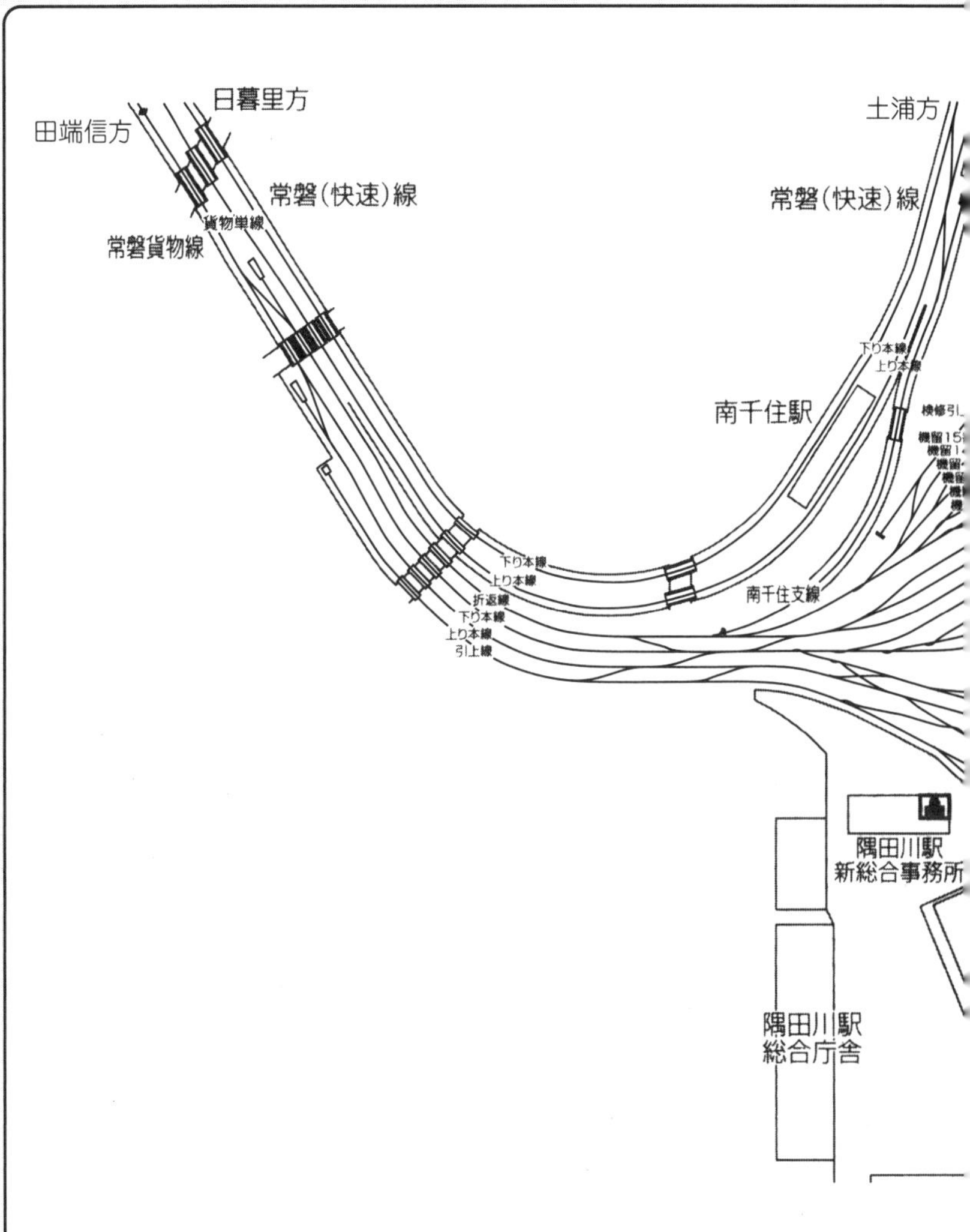

日暮里方
田端信方
常磐(快速)線
貨物単線
常磐貨物線
土浦方
常磐(快速)線
下り本線
上り本線
南千住駅
下り本線
上り本線
折返線
下り本線
上り本線
引上線
南千住支線
隅田川駅
新総合事務所
隅田川駅
総合庁舎

貨物線を歩く

信仰対象となる重要な土地や施設を訪ね歩くことを「巡礼」と呼ぶ。近年は、自身が好きな映画やドラマ、小説やマンガなどに登場した街や店などを巡る旅を「聖地巡礼」と言うらしい。記者が住む新宿区須賀町界隈は、人気アニメ映画『君の名は。』に登場したとかで、映画が公開されて八年が過ぎたいまも、多くの巡礼者が訪れては、あちこちで写真を撮っている。記者が普段利用している郵便ポストも、巡礼者にとっては重要な撮影ポイントになっているようで、ポストを前に記念撮影をする巡礼者の隙を見て、写り込まないように気を遣いながら出版社に送る請求書や経費精算書を投函することも珍しくない。

貨物列車を愛する者にとって、「貨物専用線」は聖地だ。そこを走る列車に乗れるならそれに越したことはないのだが、簡単なことではない。しかし、乗れないなら乗れないで、他にも楽しみ方はある。貨物専用線に沿って歩けばいい。これぞまさしく聖地巡礼だ。

二〇一八年十月六日土曜日の午後。記者は思い立って、四ツ谷駅から総武線に乗って小岩に向かった。天気は快晴。十月にしては少し暑い。

駅の北口を出て西の方角にジグザグに進むと、十分ほどで新中川（中川放水路）に出る。

ここに貨物線の鉄橋があることを知ったのは、もう三十年近くも前に読んだ椎名誠氏の私小説「哀愁の町に霧が降るのだ」による。作中に登場する若き日の椎名氏は、のちに高名な弁護

別の日に撮影した中川放水路橋梁。貨物列車が通っている。

士となる木村晋介氏や、やはり人気イラストレーターとなる沢野ひとし氏らと小岩の町に暮らしているのだが、その中でこの「貨物線の鉄橋」がたびたび登場するのだ。

作品を読んだ当時、まだ二十代だった記者は、仕事の用事で千葉に出かけた帰りに、この鉄橋を訪ねたことがある。川を斜めに渡るその鉄橋を土手から眺め、「ああ、これがあの鉄橋なんだな」と思っただけですぐに引き上げた。寒い時期だったので五分もいなかったと思う。

◇

あれから三十年近くを経ての再訪だ。「中川放水路橋梁」の東岸の土手に着いたのは午後三時過ぎ。橋の佇まいは三十年前と変わらない。のどかだ。しばらく眺めていたが、特に貨物列車がやって来

小岩駅〜金町駅周辺

常磐線
金町
松戸市
新宿新道踏切
矢切の渡し
矢切
柴又
柴又街道
北総線
京成高砂
新柴又
京成本線
高砂小橋
江戸川
青砥
京成小岩
新金線
細田
江戸川
奥戸陸橋下
小岩
葛飾区
東小岩四
中川放水路橋梁
総武本線
江戸川区
鹿本中学前
新小岩
：記者が辿っただいたいのルート

地図は見ない。線路と勘を頼りに歩く。

る気配はないので、そのまま北に向かって沿線を歩くことにした。

線路が見えるところは線路を頼りに、見えないところでは勘に頼って歩いていく。地図は見ない。そのほうが探訪とか探索っぽくて楽しいのだ。

この貨物線は総武本線の新小岩駅から常磐線の金町駅をつなぐ「新金線《しんきんせん》」とよばれる路線で、日に数本だけ貨物列車が走る。単線だが将来の複線化を見越して作られたらしく、路盤の幅には余裕がある。新小岩の方角から川を渡ってきた新金線は、葛飾区細田の住宅地に入って進路を北北西に定めると踏切が増える。線路に沿って歩く記者は、踏切があるたびにそれを渡り、線路の左側と右側を交互に歩いた。

住宅地のど真ん中を線路が貫いている。

住宅地を走る新金線には踏切が多い。

その横の道路を、自転車に乗った高校生の男女が並んで走ってくる。青春と貨物列車の取り合わせは絵になりそうだが、残念ながら貨物列車は来なかった。

一時間ほど歩いて「高砂小橋」という交差点に着いた。地元の年配の紳士が数人、祭りの準備をしている。

まだ新金線の半分ほどしか歩いていないが、暑さで疲労を感じていた記者はそれ以上の探索をあっさり断念した。近くにある高砂駅から京成電車に乗って上野に出て、ビアホールでビールを飲んで帰宅した。

翌日の日曜日。再び新金線探訪の後編に出かけた。京成電車で青砥駅に着いたのは午後四時十三分。線路に沿うように東に向けて十分ほど歩き、高砂橋で中川を渡る。渡り切ったところが昨日探索を打ち切った高砂小橋交差点だ。昨日準備をしていた秋祭りは今日が本番らしく、道路は神輿行列による小さな渋滞が起きていた。

新金線沿線探訪は、二日目も同じような景色が続く。まっすぐに走る線路の両側に道路と住宅や店舗が並び、それほど長い間隔を置かずに踏切が設置されている。二日目ともなると踏切

別の日に撮影した「新宿新道踏切」。

も珍しくなくなる。無駄に渡ることもしなくなり、線路の左側を歩き続ける。

五時少し前に、国道六号に出た。葛飾区新宿三丁目にある「新宿《にいじゅく》新道踏切」だ。新金線はこの国道を立体交差ではなく平面交差で横切るのだ。

その数年前まで、京急蒲田駅を出て羽田に向かう京浜急行の線路が国道十五号を渡る踏切があった。箱根駅伝などでもその存在は知られていたが、あれと雰囲気は似ている。違うのは、途切れることのない無数の車の流れを強引に遮断して横切って行く物体が、旅客電車ではなく貨物列車だ——という点だ。

この幹線道路を貨物列車が横切る光景を見てみたいので、少し待ってみた。しかし、滅多に走らない貨物列車を少し待ったところで簡単に来てくれるはずもない。望遠レンズを付けた一眼レフでもぶら下げていれば、周囲からもその筋のマニアとして認識されるのだろうが、記者のカメラはコートのポケットに入る小型サイズだ。夕暮れ時の線路際で伏し目がちに佇む中年男は、地域住民の目には怪しく映るだろう。踏切のすぐ近くには警視庁亀有警察署もある。あきらめて先に進むことにした。

国道を越えた新金線は、マンションなどが立ち並ぶ住宅地の中を右にカーブしていく。鉄道路線というものは、直線区間は道路も並走できるが、住宅地でカーブを切られるとそうもいかなくなる。一旦線路から遠ざかり、「このあたりかな」と路地に入ると行き止まりだったりして、路線探訪は困窮する。「スマホの地図を見てもいいぞ」と心の中で悪魔が囁くが、ここは初心を貫く。

路地の一つを入っていくと、正面に線路が見えた。すでに新金線が常磐線に合流しかかっているあたりだ。線路脇から様子を眺めようとすると、線路の向こう側でストロボが焚かれた。見ると一人の男性がこちらに向けてカメラを構えている。

二度三度とストロボが光る。記者は不安を感じた。この周辺で不審者が出没し、地域住民が見回りをしているのではないか。そこに現れた記者は不審者として認定され、証拠写真を撮られたのではないか――と考えたのだ。もしそうなら誤解であり心外な話だが、貨物線の沿線探訪などというものは地域の人たちにとっては誤解の温床になるだけだ。残念だが路地を引き上げる。

すると、後方で列車の走行音がした。振り返ると新金線の線路を金町駅の方向に向けて電車が走っているのだ。貨物列車ではない。イベント列車に使われる紫色の車両だ。最近は鉄道マニア向けに、貨物線を走るイベント列車が人気だという。これがその列車なのか、あるいは単なる回送運転なのかはわからないが、昨日から二日にわたって見張り続けてきた新金線を走る列車を初めて目撃したのだ。さっきのストロボ氏は記者を狙ったのではなく、この列車を狙っていたのだ。

記者は年甲斐もなく駆け出して、コートのポケットからカメラを出すと、震える手でシャッターボタンを押した。走りながら震える手で写した写真の出来栄えがいいはずがない。もしそんな記者の行動の一部始終を見ている住民がいたとしたら、明らかに記者を不審者として認定したに違いない。

乗れないから乗りたい——そこにロマンがある

貨物線の魅力を言えと言われたら、大きく二つを挙げられる。

まず何より大きな魅力は、「一般の旅客が乗れない」ということだ。カネさえ積めば月にさえ行けるご時世に、貨物列車の乗務員にならない限り乗ることのできない閉ざされた路線である貨物線は、魅惑的であり神秘的だ。どんな風景が見えるのか、どんな乗り心地なのか、興味は尽きない。

もう一つの魅力は、貨物線に漂う寂寥感だ。少年期を横浜の海に近い町で過ごした記者は、小中学生時代、放課後に自転車で本牧あたりを走り回った。港へと続く引き込み線のレールは、旅客線のそれと比べて見劣りがした。レールを覆うように雑草が生えていたりもする。そんな長く放置されたように見えるレールも、色々なポイントを経て幹線につながっている。朽ち果てたように留置されている貨車だって、その気になれば東京駅にも大阪駅にも、青森だって博多にだって行くことができるんだ、と考えるとワクワクした。

しかし半面、そもそもこんなところを本当に列車が走るのだろうか、という疑念も湧いてくる。この疑いは大きければ大きいほど、本当にその線路を貨物列車が走ってきた時の喜びは大きくなるのだが……。

少年時代の思い出があるからか、五十を過ぎたいまも、夕方や曇天の日に臨港地区の工場や地方の倉庫などにつながる貨物専用線を眺めていると、言い知れぬ郷愁に襲われる。大分むぎ焼酎二階堂のテレビCMにも似たノスタルジーを感じるのだ。郷愁などというものは、部外者が勝手に持つ自己満足であって、そこで働き、そこで暮らす者にとってはあずかり知らぬものなのだろう。それでも、その感慨は、好きなものにとってはたまらない魅力となる。

そんな複雑な気持ちを誰に言えば理解してくれて、どこに行けば取材できるのか——。

記者はある会社に問い合わせた。するとその会社は丁寧に記者の話に耳を傾け、記者の思いを理解してくれた。そして、記者の興味を満たしてくれそうな場所と、そこで働く人々を紹介してくれたのだ。

その会社とは、日本貨物鉄道株式会社、通称「JR貨物」——。

この本は、貨物列車に魅せられた一人の男が、JR貨物の協力を仰ぎ、少年時代からの夢をかなえていくノンフィクションの読み物なのだ。

人知れず日本の物流を支える駅

二〇一八年十一月十三日火曜日の朝、記者は隅田川駅を訪ねた。

この駅名を聞いて、「ああ、あそこか」とわかる人がどれほどいるだろう。知らないのも無理はない。隅田川駅は貨物専用の駅で、旅客列車の出入りはない。一般市民がこの駅に用事がある可能性は極めて低い。

場所は常磐線の南千住駅の東側。東京ドーム五個分の敷地に十六の着発線（編成の整った列車が目的地に向けて出発し、また到着する番線）と、十二の荷役線（貨物の積み下ろしを行うための番線）、五面のコンテナホームを有する国内屈指の貨物駅だ。都内にはもう一つ、品川区八潮に東京貨物ターミナル駅（略称「東京タ」）という大規模貨物駅があり、この二駅が首都圏の貨物鉄道の拠点となっている。「東京タ」が主として関西や九州など西向きの列車を仕立てるのに対して、隅田川駅は北海道や東北、新潟方面に向けた貨物列車の発着駅となっている。旅客駅に例えると、少し前までの東京駅と上野駅のような位置付けだ。

隅田川駅や「東京タ」はJR貨物が運営している貨物駅だ。

JR貨物は、一九八七年に国鉄から分割されて誕生した鉄道会社。分割民営化の際にはお荷

隅田川駅周辺

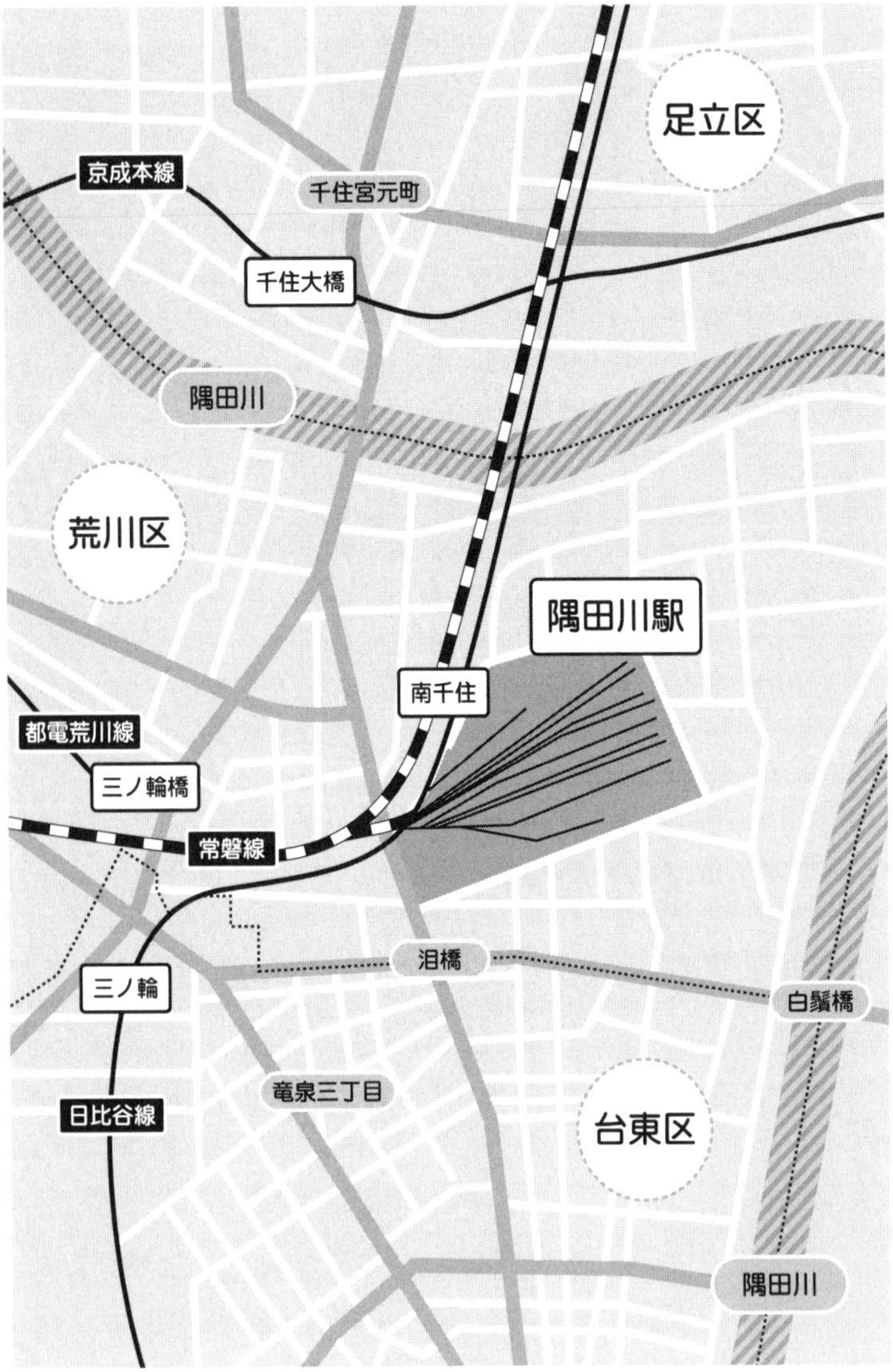

足立区
京成本線
千住宮元町
千住大橋
隅田川
荒川区
隅田川駅
南千住
都電荒川線
三ノ輪橋
常磐線
泪橋
白鬚橋
三ノ輪
竜泉三丁目
日比谷線
台東区
隅田川

物扱いされ、「安楽死論」まで囁かれた。

鉄道ファン以外にとっては、JR東日本や西日本のように馴染みもないし、普段は存在を意識することもほとんどないだろう。

ところが実際は、アマゾンなどeコマースの隆盛で増え続ける日本の物流を陰で支えてくれている、頼もしい存在なのだ――。

話を隅田川駅に戻す。

この駅は「開いた左手のひら」のような形をしている（8、9ページ章扉参照）。親指のあたりが貨車の検修施設がある貨車区。人差し指が貨物列車の着発線、中指から薬指は荷役線などがあり、小指の先に機関車の検修庫があるようなイメージだ。親指以外の指の先端は行き止まりとなっており、すべての列車は「手首」のほうから出入りすることになる。

じつはこの駅、昔はもっと奥行きがあった。「指先」の数百メートル先まで延びた線路の突端は、本当に隅田川に接していた。それどころか、線路と線路の間にはドックのような入り江があり、貨車と船が荷物を直接受け渡せる構造だったのだ。

しかし戦後は物流の主役をトラックに奪われ、隅田川駅は次第に規模を縮小。いまでは駅と川の間には高層マンションが林立し、水運時代の面影はない。

南千住駅から隅田川駅の駅本屋《えきほんや》（駅の主要施設が入る中心的な建物）に向かうには、「手首」の部分を跨線橋で渡っていく。今回の取材で幾度もこの橋を渡ったが、いつも一人か二人、橋の上から構内作業を眺めている人がいた。東京駅から直線で六キロ、上野駅からわずか三キロ

高層マンションに囲まれた隅田川駅。

の大都会に、マンションに囲まれて貨物駅が存在すること自体が不思議だし、見飽きることのない異空間なのだ。

構内全域が見渡せる駅本屋の中でも、最も見晴らしのいい席で仕事をしているのが、輸送助役の高野親一さん。駅長の下で、その日駅を発着する貨物列車の運転業務を統括する責任者だ。今年四月「東京タ」から異動してきた。

「列車がダイヤ通りに走っていると、私の出番はないんですよ」と謙遜するが、じつは激務だ。コンテナの積み付け検査（貨車が正しく積まれているか、固定されているか、扉の鍵は閉まっているかなどをチェックする作業）を終えて、信号担当に発車の指示を出すのも彼の仕事だ。

「発車時刻が迫っているのに検査が終わらないことがある。ハラハラしますよ」

極限までのスリム化

昔は貨物列車専用の路線が首都圏各地にあったが、民営化の際にJR貨物は極限までのスリム化を迫られ、路線などの資産は旅客会社に移管した。それにより、昔は貨物列車の路線だったところを旅客列車が走るようになった。

埼京線や横須賀線の一部、京葉線、武蔵野線などは、元は貨物列車のために敷かれた線路だったのだが、いまでは貨物列車が旅客鉄道会社の線路を借りて走る形になった。ダイヤは旅客鉄道会社に委ねられるので、ひとたび貨物列車で遅延が生じると色々とややこしいことになる。JR貨物の鉄道マンにとって「定時運行」は安全に次ぐ優先重要課題なのだ。

「〝時間に追われている〟という意識は家に帰っても抜けません。つい子どもにも時間厳守を厳しく言いがちなんです」

と苦笑する高野さん。じつは運転士に憧れて、鉄道学校の流れを汲む岩倉高校を卒業したクチだ。

「電車ではなく機関車を運転したくてJR貨物に入ったんです。ところが、入社後の適性検査でNGが出た。悔しかったたし、いまでも乗務できる人が羨ましい」

現在の日本では、旅客列車の大半が「電車」によって運行されている。電車は床下に電気モーターが組み込んであり、車両自体が動力源を持っている。

一方、貨物列車は、動力車である「機関車」が、動力を持たない「貨車」を引っ張る形態をとる。ブルートレインなどの機関車が牽引する客車列車がほぼ消滅してしまった現在、日本で機関車が引っ張る列車は一部の特別列車を除けば貨物列車しかない。

それだけに高野さんの貨物鉄道への思いは人一倍強い。

「あそこの橋で入換作業を眺めている子どもがいると、つい『貨物列車好きなの？』なんて声をかけちゃうんです。自分がそうだったように、貨物列車を好きな子が一人でも増えてくれたらうれしいじゃないですか」

輸送主任として、貨車の入換作業や信号操作を担当する大野貴幸さんも岩倉高校のＯＢ。子どもの頃、自宅近くに貨物列車を扱う駅があり、その光景を眺めて育ったことが、いまの仕事につながった。先の高野さんの思いを具現化したような人物だ。

入換作業や信号操作は貨物駅の華だ。ポイントを切り替えて、貨車を移動させて、計画通りの編成を組み立てていく作業は、眺めているとパズルのようで面白い。

「作業の前に、組み換える貨車の連結位置や留置している車両の位置を考えて効率的に貨車を並べ替える計画を立てる。これが終わった時は充実した気分に浸れます。実際の作業が思い通りに進んだ時の達成感はひとしおです」

他の駅にはない、隅田川駅ならではの面白さもある。

「ここには北海道や新潟などから、多くの貨物列車がやって来ます。冬場は雪を載せたまま到着しますが、それを払う時に北海道と新潟の雪の質の違いがわかるんです。雪の降らない都会の駅で……」

貨物列車は物資だけでなく、地方の生活の息遣いまでも東京に運んできているのだ。

「拳一つ分」の隙間

旅客列車の乗客は、駅に着けば勝手に歩いて移動してくれるが、貨物は「人の手」で動かさなければならない。その移動はすべてフォークリフトに委ねられる。

貨車に並んだコンテナとコンテナの隙間は「拳一つ分」しかない。隣が空いていればいいが、時にはコンテナとコンテナの真ん中に、差し込むようにコンテナを置かなければならないこともある。まさに神業だ。

JR貨物のグループ企業、「ジェイアール貨物・北関東ロジスティクス」隅田川営業所主任の川瀬達也さんは笑ってこう話す。

「慣れですよ。でも、より慎重な作業を求められる時は、スピードより慎重さを優先します。その分、作業にゆとりのあるメンバーがサポートすることで定時発車に結び付ける。一チーム十三人。チームワークは抜群です」

朝八時から翌朝八時十五分までの二十四時間勤務。深夜帯の列車の発着が多い隅田川駅では、夜の作業がメインとなる。

「夜は見通しが悪くなるけれど、夜ならではの風景がある。嫌いじゃないですね」

隅田川駅で稼働中のフォークリフト。

「拳一つ分」の「神業」で整然と並んだコンテナ。

一度あの橋の上から、夜の操車場を眺めてみたい。

隅田川駅営業主任の鎌田充さんは、「フロント業務」を担当している。

「フォークがコンテナを載せ終わると、私たちが出かけて行って一つひとつをチェックします。コンテナの扉の施錠と貨車への取り付け具合、そもそもそのコンテナが積まれた列車は指定の列車なのかなど。二十両編成の列車を三十～四十分かけて確認します」

一九九七年の入社以来、フロント業務一筋だ。

「特に鉄道好きというわけではないんです。でも、休日に娘たちと車で出かけた時などに貨物列車を見かけて、『お父さんの会社の列車だ！』なんて言われると、やっぱりうれしいですね」

貨物鉄道の売りの一つに、二酸化炭素排出量の少なさがある。それは貨物鉄道を利用するメーカーにとっても、商品価値を高める要因になる。そこで、一定の基準以上を貨物鉄道で輸送した商品には、審査のうえで「エコレールマーク」の掲出が許可される。

「スーパーなどで買い物をしていても、このマークを付けた商品を見かけることが増えてきた。自分たちの仕事が社会に役立っていることを実感できてうれしくなります」

昔の貨物列車は、有蓋車や無蓋車といった「車両自体が

エコレールマーク。

器」の構造をした貨車が多かった。こうした貨車や、タンク車などを「車扱《しゃあつかい》」と呼ぶ。これらは駅で積載物を出し入れしなければならない。これに対してコンテナは、荷主が自社でコンテナに荷物の出し入れをするので、駅ではコンテナをトラックと列車に移し替えるだけで済む。

国鉄から分離されてJR貨物が発足した当時は、車扱とコンテナの比率は半々だったが、現在では取扱貨物全体のおおよそ七割をコンテナが占めるに至っている。

この変化は劇的な効率化を生み、JR貨物の収益改善に寄与した。隅田川駅も「東京タ」も、いまではコンテナ以外の貨物は取り扱っていない。

地方から隅田川駅に貨物列車で運ばれてくるコンテナの数は、農産物や紙などを中心に一日平均六百四十一個。逆にここから全国に発送されていくコンテナは、宅配便や書籍、食料品などがメインで、コンテナの数は一日平均五百五十四個に及ぶ。もちろん、黙っていてこれらの貨物が集まってくるわけではない。メーカーなどに出向いて貨物鉄道の利用を呼び掛ける営業部門の努力がある。

隅田川駅構内にあるJR貨物関東支社北東京支店の営業課長、安藤倫有さんは、「陰ながら日本を支えるような仕事をしたい」と考えてこの会社に入った。

宅配便事業者や大口の貨物輸送を必要とする企業に出向いて、鉄道貨物のサービスの案内や価格交渉などを行う。

「従来、輸送距離が五百〜六百キロを超えると貨物鉄道は有利とされていました。でも、近年はトラックドライバーの減少から、その距離が短くなっています。中距離でも貨物鉄道を利用しやすい提案をしたり、まとまったロットが見込める時には週末に運休している列車を走らせる検討もします。JR貨物の中でも隅田川駅は収益規模が大きいので、営業としても〝稼ぐ楽しみ〟があるんです」

動力車の拠点「機関区」

駅構内にある隅田川機関区を訪ねる。機関区とは機関車、つまり動力車の拠点となる場所だ。それだけに「機関区」という名称には力強さが漂う。隅田川機関区には、総勢百三十名の鉄道マンが従事している。

最初に検修庫を見学する。ここでは機関車の定期検査が行われる。記者が見学した時はＥＨ２００形式（愛称・ブルーサンダー）という、動輪が八軸ある大型電気機関車の検査中だった。

ここの車両技術主任を務める男性は、昭和五十七年に国鉄に採用されたベテランだ。

出発間際の検査で異常が見つかると、臨機応変な対応が求められる。

「必ずしも替えの部品があるとは限らない。そんな時は、新しい部品を注文しておいて、とりあえず別の機関車から部品を取ってくるんです。仮の部品で修理をして列車を出発させて、注文した部品が届いたら借りた機関車に装着する」

ここにはＥＦ６５という昭和の機関車もある。

「古い機関車はやっぱり愛着がありますよ。新しい機関車はモニターを見ながらの作業になるけれど、昔の機関車は〝俺が直している〟という気分になる。機関車を〝自分の子ども〟とまでは思わないけれど、〝関係者〟ではあるね。たまに本線を走っているところを見ると、知らんぷりはできないよ（笑）」

事務所では主任運転士で指導養成担当の樋口賢治さんが待っていた。やはり国鉄採用。運転士を目指す専門コースで入社した。以来四十年、運転士一筋で過ごしてきた。

「電気機関車は、陸上で最も重い乗り物。坂道やカーブでの走行技術、あるいはブレーキのかけ方も難しい。でも、慣れてくればあんなに重くて長い貨物列車を一センチ単位で動かせるんだから、面白い仕事ですよ」

貨物列車の運転は、旅客列車とは違う難しさがあるという。

「旅客列車はお客様に衝撃が伝わらない操作が求められるが、貨物列車は重さとの闘い。変な位置で停めると再び動き出すのに苦労をする。これは、やった者にしかわからない」

樋口さんも、好きな機関車はＥＦ６５だという。

「自分を育ててくれた機関車だからね。最近の機関車はコンピュータ制御だけど、昔の機関車には機械仕掛けの面白さがある。でもね、〝手を焼く〟というのとは違うんだ。機関車も女も、手が焼けるのは好きじゃない（笑）」

前述の通り、東京の貨物鉄道の拠点は、東京貨物ターミナル駅と隅田川駅。ＪＲ貨物には、地域の拠点となる駅を「貨物ターミナル」と称する駅名ルールがある。隅田川駅はその規模と実績から見て、堂々の「貨物ターミナル」なのだが、あえて「駅」を名乗っている。そこには、明治三十年開業という、他の貨物駅にはない歴史の重みがある。

「ここは昔ながらの貨物駅の風情が残っています。曲線が多くて貨車の入換には不便なことも多い分、職員は一人ひとりがコツをつかんで仕事をしている。よそからここに転勤してきた人は慣れるまで苦労するけれど、ここからよそに移った人はその日から活躍できますよ」

そう語る梶武さんは、国鉄時代から数えて五十七代目の隅田川駅長。広大な面積を持つ駅と、五十一人の駅員を束ねる親方だ。がっしりとした体格と柔和な笑顔、そして大らかな性格は、「貨物の人」と呼ぶにふさわしい風格がある。

千葉県出身。高校卒業後、親戚の勧めで国鉄に入り、総武線の浅草橋駅などに勤務。民営化の時は多くの人がそうだったように、JR東日本を希望した。

「第一希望に東日本と書いたら、上司が『第二希望も書け』って脅すんです。それで仕方なく第二希望に貨物と書いたら、私だけが貨物になった。他の連中は第二希望なんて書いてなかったんですよ(笑)」

それでも、いまとなっては貨物でよかったと振り返る。

「旅客会社は東日本とか西日本とかエリア分けされているけれど、貨物は全国組織。日本中に仲間がいると思うと心強い」

都会のど真ん中にある隅田川駅は、周辺住民との共存が課題の一つ。地元自治体の緊急避難時の集合場所にも指定されているほか、年に一度、地域の人や鉄道ファンを招いて「隅田川駅貨物フェスティバル」を開催するなどの取り組みにも力を入れている。

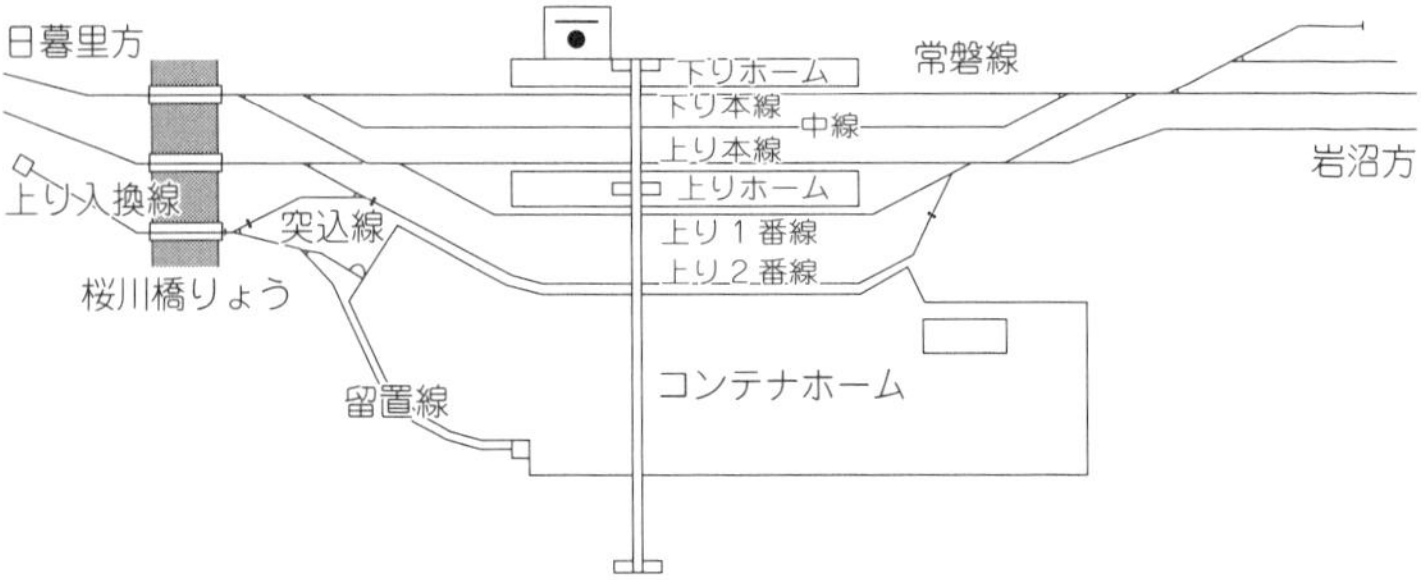

土浦駅構内図。

「ここに貨物駅があることを知ってもらって、貨物鉄道に興味を持ってもらうことから始めないと」

と話す梶さんの後ろで列車が動き始めた。

「三〇五五（列車番号）です。札幌に行く列車です」

その頭にはあらゆる情報が詰まっている。

「あれで全長約四百三十メートル。先頭の二両は五稜郭（函館）で切り離す貨車だけど、今日は荷物が少ないね。一番後ろのコンテナは、南長岡から今朝届いた雪国まいたけ。新潟から東京経由で北海道に行くんです」

駅長に見送られて三〇五五列車は、定刻十二時十二分、車輪を軋ませながら駅を出て行った。明日の朝六時過ぎに札幌貨物ターミナル駅に着く。

ついに貨物列車に乗る！

隅田川駅を見学した前日の十一月十二日月曜日。記者はＪＲ貨物広報室長の山田哲也さんと土浦にいた。昼過ぎに着いて食事をしながら貨物鉄道を取り巻く社会状況を解説してもらい、駅の改札口で隅田川機関区副区長の堀田真樹さんと待ち合わせた。堀田さんは柔道選手のような堂々たる恰幅で、頭には昔のSLの機関士のようなカッコイイ帽子を被っている。我々三人は、これから常磐線を走る貨物列車に添乗して隅田川駅に向かうのだ。

前にも少し触れたが、貨物列車には乗務員以外の人間は乗ることができない。よもやこの人生で乗れるとは思っていなかっただけに、喜びは大きい。恥ずかしい話だが、添乗が決まってからの一週間で、自分が貨物列車に乗っている夢を二度も見た。

JR東日本の土浦駅の東側に隣接してJR貨物の土浦駅がある。着発線と留置線が一本ずつあり、その間はコンテナホームが広がっている。宅配便や近くにある食品メーカーの商品などを取り扱うこの貨物駅からは、毎日上下二本ずつの貨物列車が発着している。我々が乗り込むのは、土浦を十五時十分に出発する隅田川行き貨物二〇九二列車だ。十二両のコンテナ車を連ねている。

旅客駅のホームと違って貨物駅のホームは低い。広い道路に貨物列車がいるような感じなので、近づくとその大きさに圧倒される。

年配の運転士がすでに乗り込んでおり、笑顔で招き入れてくれた。

我々が乗り込んだのはEH500形式という大型の交直両用電気機関車。「金太郎」という愛称がある。乗務員室は一畳半ほど。進行方向に向かって左側の席に運転士が座り、私は右側の、従来機関助士が座っていた席に座らせてもらう。座席は二つしかないので、堀田さんは運転士の後ろ、山田さんは私の後ろに立つ。何だか申し訳ない。

我々が乗り込んだ土浦駅に停車中の「金太郎」。

発車一分前、貨車のブレーキを解除する。時刻表や信号など色々なものを一つ一つ「ヨシ！」と指差しながら確認していく。

目の前のポイントが開通し、信号機が青に変わる。夢にまで見た貨物列車が動き出した。意外に静かな発車だが、すぐに後ろから連結器のガチャンガチャンという音と衝撃が座席を通じて伝わってくる。「重い貨車を引っ張っている」という感覚が突き上げてくる。

突然の鉄道無線

本線に入ると右にカーブしながら上り勾配になる。キーキーと音を立てて車輪とレールが擦れる。

「ここは雨の日は滑りやすいので、レー

ルに滑り止めの砂を撒きながら走るんです」

と堀田さん。彼も三十代前半までは機関車を運転していたのだ。

鉄道には、信号機と信号機の間に一本の列車しか入ることができない「閉塞」という仕組みがある。運転士が信号機のたびに「第三閉塞、進行！」と指差し喚呼する。それを堀田さんが復唱する。堀田さんの声は低くて伸びがあり、ラジオのアナウンサーにしたくなるような美声だ。

突然乗務員室内に、特急列車に向けた忘れ物捜索を依頼する鉄道無線のアナウンスが流れる。他にも時々「ブーッ」とブザーが鳴ったり、「チーン」と鐘のような音も鳴ったりする。何の意味があるのか知らないが、目が覚めるような大きな音だ。眠気防止なのかもしれない。

十五時三十分過ぎ、線路の左側に「交直切替」の標識が現れた。常磐線は、途中の藤代〜取手間で交流と直流の切替区間がある。電車は自動的に切り替わるが、機関車は運転士がスイッチで切り替える。切替区間の電気が流れていない二十メートル弱を、列車は惰性で走る。システムの上では色々と複雑なことが起きているのだろうが、機関車は特段変わったことも感じさせずに直流区間に入った。説明がなければ気付かなかったと思う。

列車はだいたい時速九十キロで快適に走り続けているが、少し速度を落とすと後ろから「ガタンガタン」と音を立てて貨車が押してくる。そのたびに「ああ、いま貨物列車に乗っているんだな」と気付かされる。

取手駅を過ぎると電車の本数が増えるので、信号機の数も増える。指差し喚呼の回数も増えるので、運転士は忙しい。

常磐線、藤代～取手間の「交直切換」標識。

北柏駅手前で待避線に入って停車した。土浦駅から隅田川駅までの間で唯一の停車だが、これは後続の特急列車に道を譲るためのもの。旅客列車だと客の乗り降りのついでに駅で待避するが、その必要のない貨物列車は駅間で待避する。これも貨物列車ならではのことで、ただ停まっているだけなのにうれしくなる。

追走してきた特急「ときわ七八号」が本線を猛スピードで抜き去っていった。

遠ざかる特急列車を真後ろから見送る「金太郎」の運転室が、ほんの一瞬、静寂に包まれた。

いよいよ「貨物専用線」に進入

再び発車して本線に戻る。今度は特急の後追いになるので、一気に加速してトップスピードに乗って松戸駅を通過。さすがにホームの人の数が多い。スマホを見ながらホームの端を歩く人が危なっかしく感じられる。ホームの隅で、こちらにカメラを向けている青年がいた。誇らしい気持ちになる。

小さな子どもが手を振っている姿を何度も見かけた。そのうちの何度かは、堀田さんが手を振り返していた。運転士によっては短く警笛を鳴らして応える人もいるという。そんな返礼があれば、手を振る幼児とてうれしかろう。微笑ましい光景だ。しかし、「運転中に手を振るなんて危険だ」だの、「警笛がうるさい」というクレームが入ることもあるという。世知辛い世の中だ。

金町駅の先で左側に線路が分岐していく。この添乗取材に先立って記者が沿線を探訪した「新金線」だ。

「このままあっちに行けたら楽しいだろうな」

と思う。

北千住駅の手前に差しかかった時、先ほどの忘れ物が見つかったという報告が流れる。まずはよかった。安心した。

十六時六分、北千住駅を通過した。この楽しい旅も、もうすぐ終わりだ。しかし、最後の楽しみが待っている。というより、今回の添乗で最大の山場が残っているのだ。

南千住駅直前から本線の左側の短絡線に入る。

「短絡線場内進行!」

この列車が走る唯一の「貨物専用線」だ。ここから隅田川駅までの約六百メートルは、貨物列車に乗らないと通れない区間なのだ。時速三十五キロまで落として短絡線に入ると、キーキーと音を立てながらカーブを曲がり、左に見える隅田川駅の横をかすめる。例の跨線橋の下をくぐると最徐行となり、やがて停止した。でも、まだこの旅は終わっていない。

運転士は左脇の窓を開けると後方の信号機を見て、すぐに後ろ向きで推進運転を始める。隅田川駅は頭端式（櫛の歯のように先端が行き止まりの駅）の構造なので、田端側から来る列車はそのまま駅に入れるが、土浦側から来た列車は一度駅の横を通り過ぎて、スイッチバックをして駅に入っていかなければならないのだ。乗務員や駅の作業員にとってはひと手間余計にかかるわけだが、部外者にとっては楽しい。

先頭から最後尾に立場が変わったわが機関車は、ゆっくりと貨車を押しながら隅田川駅「着発七番線」に入線。十六時十五分三十秒、定刻通りの到着。これで我々の旅は終了した。梯子段を下るようにして機関車を降りる。だいぶ暗くなっていた。

東京で貨物列車を見ない理由

隅田川機関区に戻って、機関区長の田村正一さんと、貨物列車添乗にお付き合いいただいた副区長の堀田さんの話を伺う。

東京に暮らす人の中には、最近貨物列車を見かけなくなった——という人も少なくないだろ

南千住駅直前から短絡線に入る。

短絡線から見える南千住駅ホーム。

う。確かに昭和三十年代、四十年代の鉄道貨物全盛期と比べれば、列車本数は減っている。いくつかの理由がある。

一つは路線の変化。

昔は新宿にも飯田橋にも、上野にも汐留にも、多くの貨物列車がやって来ていた。しかし首都圏への人口流入が続き、都心の線路は飽和状態となり貨物列車の入り込む余地がなくなってきた。そこで都心を迂回する線（武蔵野線など）を新設し、貨物列車がなるべく都心に入ってこないような路線網を整備していったのだ。これにより、都心を走る貨物列車の数は激減し、その姿を見る機会は減った。

それでも隅田川駅のような都心にある貨物列車の拠点駅はある。しかし、これにも色々な事情があるのだ。

すでに触れた通り、分割民営化の後は、ＪＲ貨物は自前の路線をほとんど持たなくなった。ダイヤの優先権は、路線を持つ旅客鉄道会社の手にある。朝のラッシュ時には基本的に貨物列車を都心で走らせることは不可能になった。都市部は日中も多くの旅客列車が行き交い、貨物列車の入り込む余地は小さい。都民の目から貨物列車は遠ざかる一方だ。

反対に、夜間、特に深夜帯に都内を発着する貨物列車は多い。隅田川駅も「東京タ」も、二十四時間操業でこれに対応している。

ならば深夜は貨物列車が走り放題なのかと言えば、そうでもない。

「深夜は線路の保守点検をする時間帯でもあるので、その間は貨物列車も走れません。なので夜の短い時間帯に、多くの貨物列車が束になって走っているんです」

と堀田さんは説明する。

「ただ、昼間よりも夜のほうが貨物列車のニーズは高いんです。特にいま、コンテナ貨物の主力となっている宅配便は、日中に集荷した荷物を夜発送して、朝地方の各都市に届いたら午前中に配送する――という流れが出来上がっているんです」

と田村さん。

ＪＲ貨物が一年間で取り扱うコンテナ輸送量は約二千二百万トン。そのうち、約一三％にあたる二百八十五万トンが宅配便なのだ。これは約三百七十五万トンの食料工業品、約三百万トンの紙・パルプに次ぐ三位にランクされる実績だ。

◇

隅田川駅での取材に同行してくれたＪＲ貨物広報室の中村玲香さんが、帰りの電車の中でポツリとつぶやいた。

「パソコンやスマホで簡単に買い物ができて、翌日には買ったものが届くのが当たり前の日常の中に、じつは貨物鉄道があるということを、少し知ってもらえたら、ちょっとうれしいかな……」

旅客列車は「人」を運ぶが、貨物列車は「暮らし」を運ぶ――。

私たちの生活を支える物資の多くが、全国から高層マンションの建ち並ぶ南千住の貨物駅に集められ、再び全国に運ばれていく。日々そんなことが繰り返されていることを、私たちは知らずに暮らしている。私たちが知らなくても、貨物列車は走り続ける。

（初出「文藝春秋」二〇一九年一月号。登場人物の肩書きは当時のもの）

2 ルポ・東京貨物ターミナル

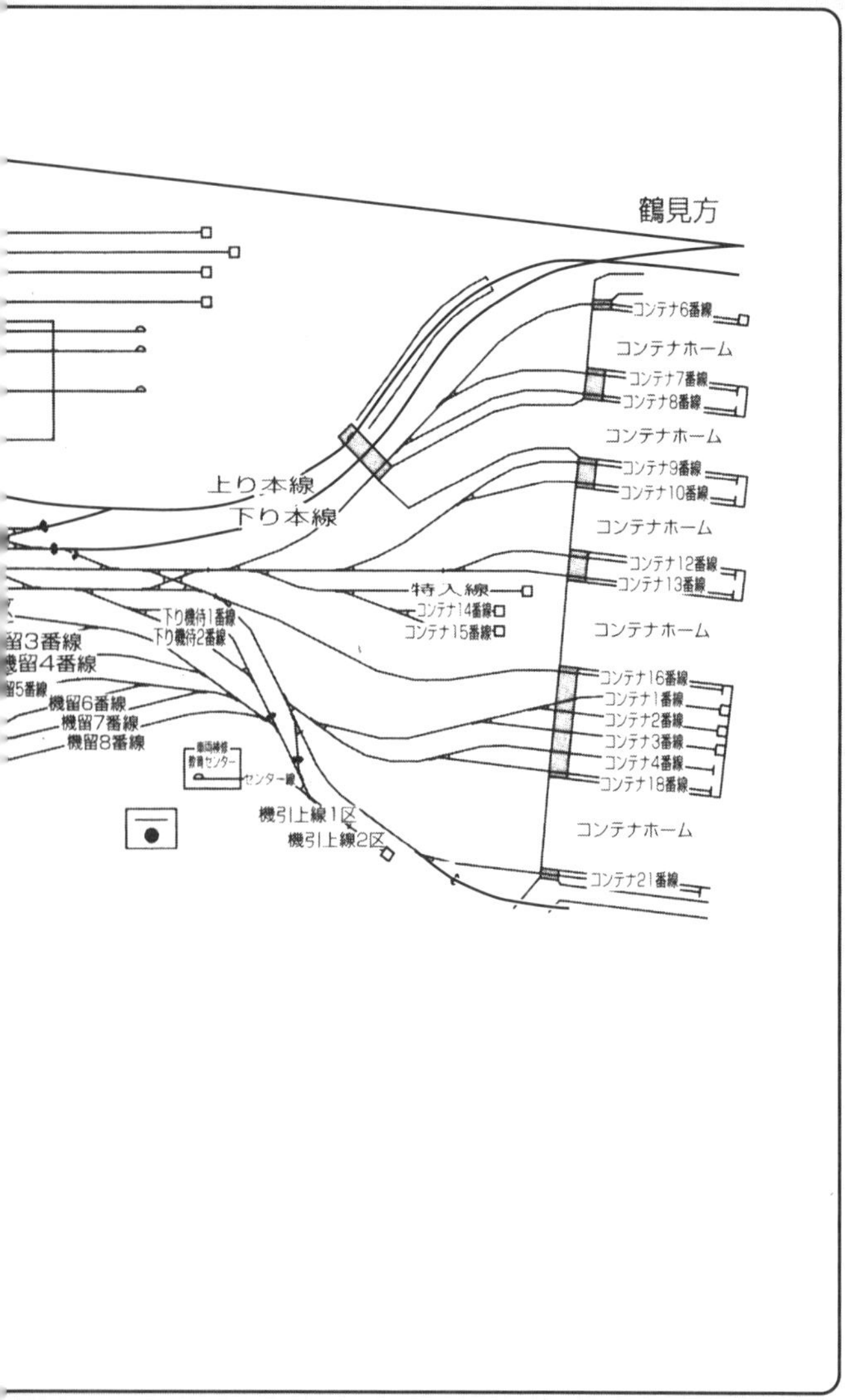
鶴見方
コンテナ6番線
コンテナホーム
コンテナ7番線
コンテナ8番線
コンテナホーム
コンテナ9番線
コンテナ10番線
コンテナホーム
コンテナ12番線
コンテナ13番線
コンテナホーム
上り本線
下り本線
特入線
コンテナ14番線
コンテナ15番線
下り機待1番線
下り機待2番線
留3番線
機留4番線
留5番線
機留6番線
機留7番線
機留8番線
コンテナ16番線
コンテナ1番線
コンテナ2番線
コンテナ3番線
コンテナ4番線
コンテナ18番線
センター線
機引上線1区
機引上線2区
コンテナホーム
コンテナ21番線

東京貨物ターミナル駅

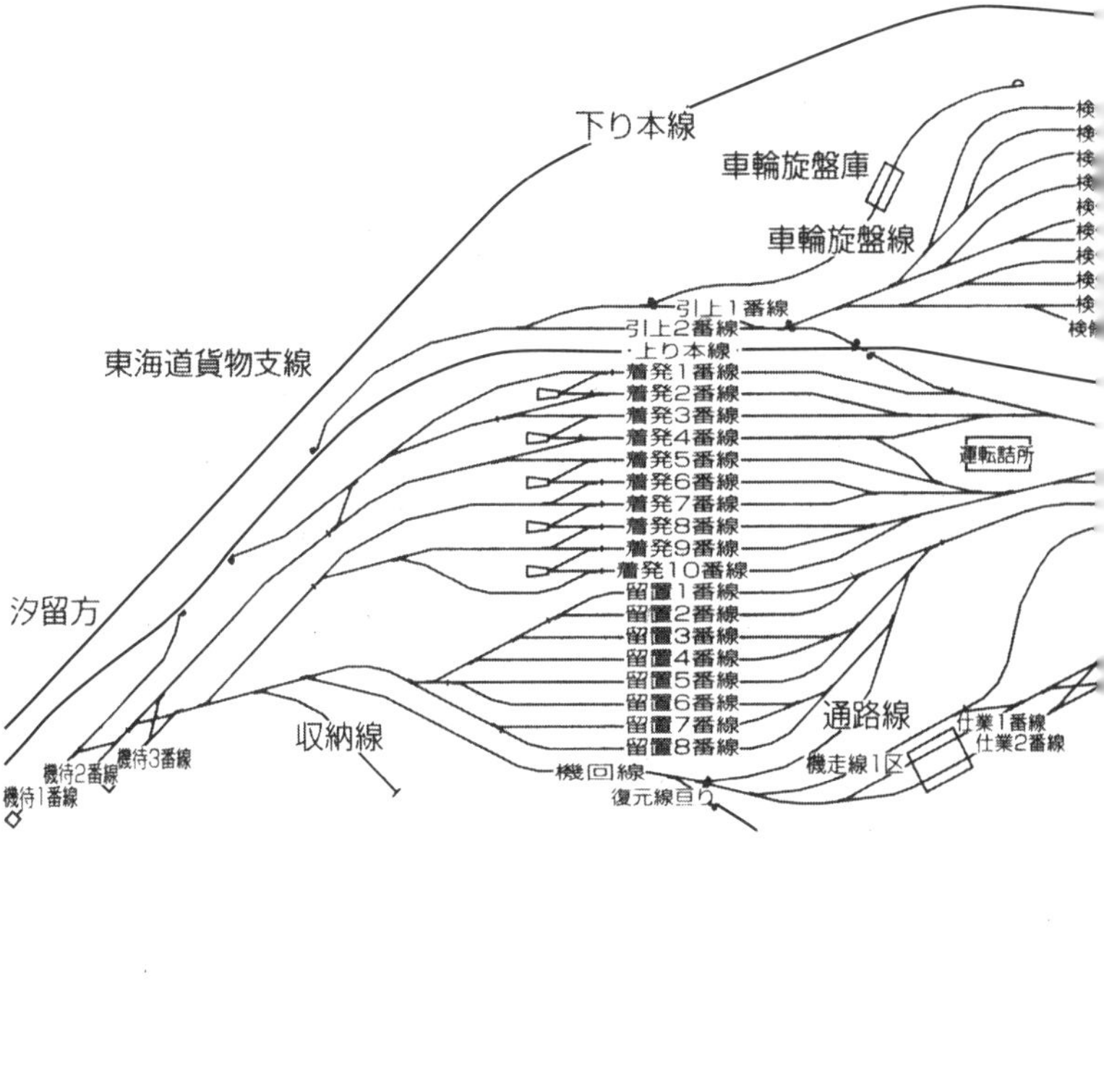

下り本線
車輪旋盤庫
車輪旋盤線
東海道貨物支線
引上1番線
引上2番線
上り本線
着発1番線
着発2番線
着発3番線
着発4番線
着発5番線
着発6番線
着発7番線
着発8番線
着発9番線
着発10番線
運転詰所
留置1番線
留置2番線
留置3番線
留置4番線
留置5番線
留置6番線
留置7番線
留置8番線
汐留方
収納線
通路線
仕業1番線
仕業2番線
機走線1区
機回線
復元線
機待1番線
機待2番線
機待3番線

午前九時三十七分。前方の信号が青に変わると、運転士が声を上げた。

「二番線第一出発進行！」

そして定刻九時三十八分、列車は力強く動き出した。

貨物列車が出発する瞬間、運転台には「俺が引っ張っている」という感覚が伝わってくる。貨車一両一両に、連結器を通して順に力が伝わっていく感覚が確かにある。これは電車では味わえない。

新鶴見信号場――。その広い操車場の真ん中あたりにある「着発二番線」を発車した列車は、ポイントをいくつも渡って左へ左へと寄っていく。隣接する新川崎駅のホームで、小さな子どもが手を振っている。その奥からこちらに望遠レンズを向ける青年もいる。

鉄道貨物の全容を見るべく「東京タ」へ

第一章で、普段一般の人が立ち入ることのないJR貨物の隅田川駅で何が行われているのかを見て、そこで働く人たちの思いを聞くことができた。そして何より、トラックドライバーの減少による鉄道貨物へのニーズの高まりを、肌で感じることができた。

しかし、東京には貨物鉄道の拠点駅が二つある。主として北海道や東北、新潟方面への〝北向き列車〟が発着する隅田川駅に対して、九州や関西など〝西向き列車〟を柱とする東京貨物ターミナル駅（以下「東京タ」）だ。

二つのうちの片方だけを取り上げるのはバランスが悪い。まして「東京タ」は敷地面積、列車の発着本数、貨物取扱量において日本一の規模を誇る日本の鉄道貨物の心臓部だ。ここを見ずに鉄道貨物の全容がわかったような顔はできない。

ということで、前回の取材でお世話になったＪＲ貨物広報室に「東京タ」の取材を打診したところ、快諾を得られた。

貨物列車に乗って貨物駅に向かう

「東京タ」は、大井埠頭のある品川区八潮に広がるコンテナ専用の貨物駅。最寄り駅は東京モノレールの大井競馬場前駅か流通センター駅だが、我々はモノレールでは行かなかった。もちろん車ででもない。貨物駅に向かうのに最も適した乗り物、そう、貨物列車に乗って行ったのだ。

午前八時三十分。横須賀線・新川崎駅に集合した記者と「文春オンライン」編集部の池澤龍太デスク、それにカメラマンの山元茂樹氏の三名は、ＪＲ貨物広報室の市川寛さんと中村玲香さんの案内で、同駅に隣接する新鶴見信号場に向かう。ここを午前九時三十八分に出発する「東京タ」行き第四〇七二列車に添乗するのだ。

大井機関区の垣井洋之副区長から、これから乗る列車とルートの説明を受ける。

そもそも我々がいる新鶴見信号場とはいかなる施設なのか。

「新鶴見信号場」とは

東京方面から横浜方面に向かう横須賀線は、品川駅を出ると、まっすぐ南下する東海道本線と分かれて、東海道新幹線に寄り添って走る。多摩川を渡って武蔵小杉駅を過ぎると再び南に向きを変え、新川崎駅を経て東海道本線と再会、合流して横浜に向かう――。

この、品川と鶴見の間の横須賀線が走る区間を「品鶴線《ひんかく》」と呼ぶ。いまでこそ横須賀線や湘南新宿ラインが走っているが、一九八〇年に東海道本線と横須賀線が分離運転を始めるまでは、旅客列車が走らない貨物専用線だったのだ。

新鶴見信号場は、横須賀線の新川崎駅に隣接している。「新鶴見」と「新川崎」がほぼ同じ場所にあるのでややこしいが、どちらも住所は「川崎市幸区鹿島田」だ。

品鶴線の貨物駅として設置された新鶴見信号場は、全国各地から「東京タ」に向けてやって来る貨物列車の大半が通る重要拠点。

我々が乗る第四〇七二列車は、その日の早暁五時三十六分に宇都宮貨物ターミナル駅を出発し東北本線を南下。大宮操車場を出ると武蔵野線に入り、新座貨物ターミナル駅（埼玉県新座市）、梶ヶ谷貨物ターミナル駅（川崎市宮前区）を経て、七時五十七分に新鶴見に着いたコンテナ専用列車だ。ここから終点「東京タ」までの最終区間は二十二・一キロ。

「品鶴線」周辺路線図

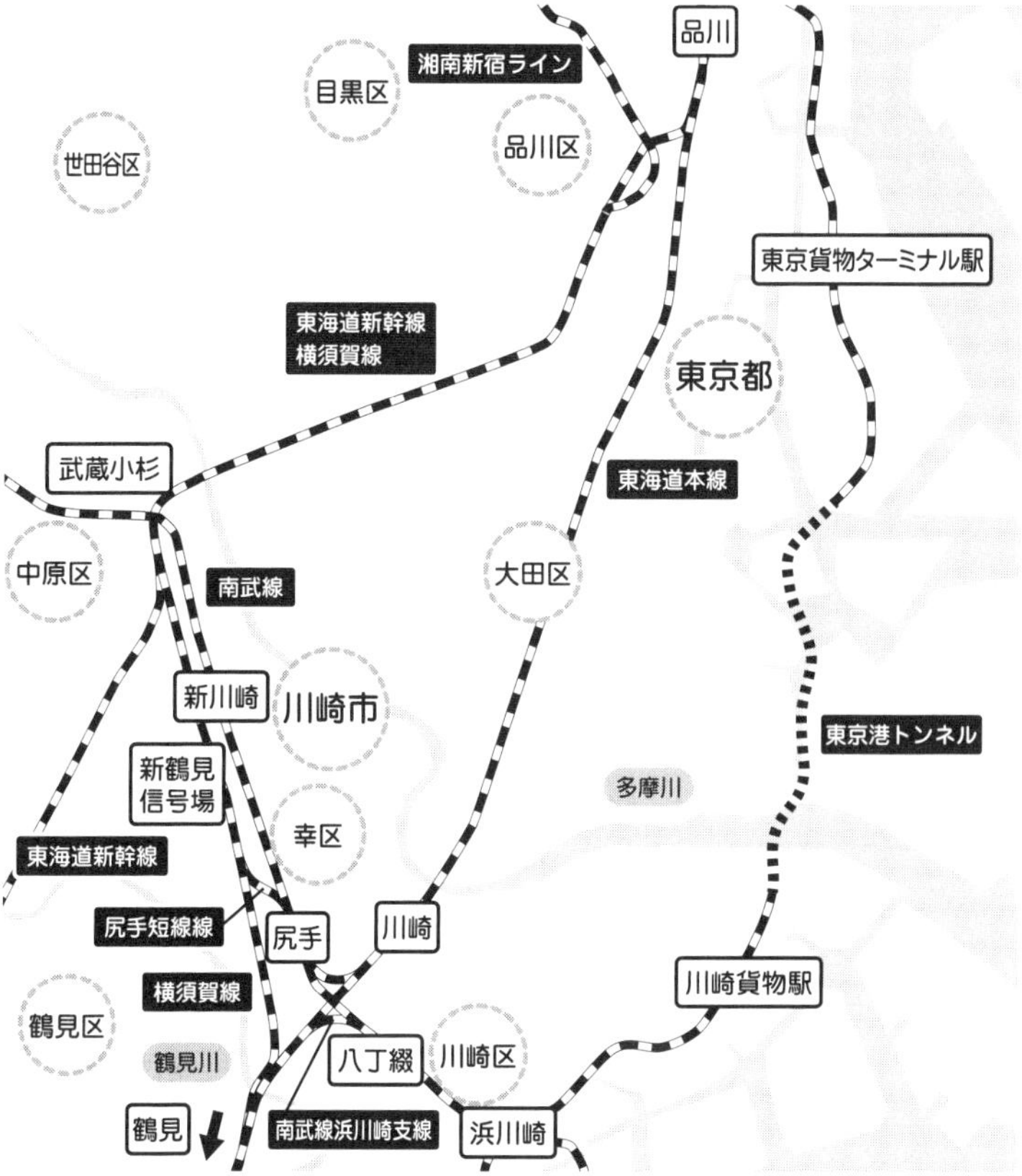
品川
湘南新宿ライン
目黒区
品川区
世田谷区
東京貨物ターミナル駅
東海道新幹線
横須賀線
東京都
武蔵小杉
東海道本線
中原区
南武線
大田区
新川崎
川崎市
東京港トンネル
新鶴見
信号場
多摩川
幸区
東海道新幹線
尻手短絡線
尻手
川崎
横須賀線
川崎貨物駅
鶴見区
鶴見川
八丁畷
川崎区
鶴見
南武線浜川崎支線
浜川崎

我々が乗り込んだ第 4072 列車。

梯子段を登る「垂直乗車」

九時二十分。垣井副区長に率いられて着発二番線に停車している列車に向かう。長い編成の貨車を従えて、昭和の名機「ＥＦ６５」の２０７５号機が出迎えてくれる。

当然ながら旅客駅のようなプラットホームはない。線路の敷かれた砂利の上から、梯子段を登って乗り込む。この、地面からの「垂直乗車」は、慣れぬ者には一苦労なのだが、同時に機関車の重さと安定が感じられる。「男の乗り物」という雰囲気が味わえて嫌いではない。

すでに運転士が乗り込んでいた。彼は午前二時五十四分に静岡貨物駅を出る第二〇五八列車に乗務し、五時〇〇分の新鶴見到着までノンストップで運転。しばしの休憩ののちに第四〇七二列車に乗務する、というスケジュールだ。

ちなみにこの運転士が静岡から乗ってきた二〇五八列車は、大阪の吹田貨物ターミナル駅から宮城県多賀城市の陸前山王駅まで行くコンテナ専用列車。彼はその真ん中あたりのひと区間を担当し、今度は別の列車の最終区間を運転する、という仕組みだ。日本中を走り回る貨物列車は、多くの乗務員が区間ごとを細かくリレー乗務することで成り立っているのだ。

「ブレーキ、ゆるめーゆるめー!」

九時二十五分。運転席では発車前の確認作業が始まった。垣井副区長がこれから乗務する区間の確認事項を伝え、最後に一言付け加えた。

「なお本日はお客様の添乗がありますが、普段通りの安全運転を心がけてください」

普段は一人で乗務する運転席に、今日は我々取材班の他に、垣井副区長と広報室の二名の総勢六名が乗り込んでいるため、立錐の余地もない。運転士には迷惑だろう。本当に申し訳ない。

九時三十二分。運転席に無線の会話が流れる。場内にいる別の電気機関車が、新鶴見信号場の社員の指示でブレーキテストをしているらしい。

「ブレーキ、ゆるめーゆるめー!」

「ブレーキ、ゆるめーゆるめー!」

運転室から撮影するカメラマン。

「テスト終了。お疲れさまでした！」

といったやり取りなのだが、いったいどんなテストなのだろう。ブレーキが緩むかどうかのテストのようにも聞こえるが、そんなテストがあるのかどうかもわからない。

わが機関車は出発間近で、運転士と副区長は各種点検作業に余念がない。

心地よい緊張感の中、いよいよ出発時刻が訪れた。

前方の信号機が「青」を灯した。

心躍る〝短絡線〟

新鶴見を出て三分ほど走ると、割畑信号場という分岐点に差しかかる。ここからが今回の添乗記前半最大のヤマ場だ。

このまままっすぐ進むと、東海道本線

に合流して小田原方面に向かってしまう。「東京タ」へ向かうこの列車は、割畑で左に分岐して、東側を走っている南武線に合流する道を取る。その間約八百メートルは、記者が愛してやまない〝短絡線〟という貨物専用線だ。川崎と立川を結ぶ通勤路線・南武線の支線扱いのこの短絡線には、「尻手《しって》短絡線」という名称が与えられている。

前回の添乗取材で常磐線の土浦駅から隅田川駅まで貨物列車に乗った時も短絡線を走ったが、それは添乗区間の最後、南千住駅の手前から隅田川駅構内までの六百メートルほどだった。ところが今回は、出発していきなりの短絡線だ。しかも前回より長い。心が躍る。

割畑の分岐点を過ぎて左にカーブする。横須賀線の高架をくぐって東に向きを変えると、展望が一変する。いかにも短絡線然とした単線だ。道路に置き換えると、何車線もある大通りから、車一台がようやく通れる路地に入り込んだような変化だ。

レールの間に草が生えて、本線と比べて明らかに格下感のあるくねくねとした短絡線を走るのは楽しい。民家の軒先や裏庭のようなところを、大きな電気機関車が長いコンテナ車を引いて走っている——と思うと、なお楽しい。

そもそも旅客列車が通らない線路を走る列車に乗っていると、してはいけないことをしているような、背徳感に似た意識に襲われる。いつまでもこの線路を走っていたいと思うが、ものの二分ほどで左側から南武線が近づいてきて合流。再び「大通り」に出た。楽しかった短絡線の旅はあっさり終わってしまった。

合流地点から目と鼻の先の尻手駅では、南武線の下り線のさらに外側の線路を通過。川崎駅

運転席から見た尻手短絡線の単線レール。

に向かってカーブしていく南武線を左に見て、わが列車は直進。浜川崎駅に向かう「南武線浜川崎支線」に入った。つまりこの列車は南武線の支線ばかりを選《よ》って走っているわけだ。

東海道本線と京浜東北線を直角にまたぐと、右から「東海道貨物線」が合流してくる。ここから先「東京タ」まで、この列車が走る線路の戸籍も「東海道貨物線」となる。

京浜急行との接続駅である八丁畷《はっちょうなわて》駅を九時四十七分に定刻通過。ここにもこちらにカメラを向ける青年がいた。

「いよいよ来たか……」貨物列車は地下へ

九時五十三分。南武支線の終点、浜川崎駅を通過。駅の手前で左にカーブを切り、旅客ホームの裏側をかすめるようにして、それまで南東に向けていた進路を北東に変える。

ここから終点の「東京タ」までは、貨物列車に乗らなければ通ることのできない線路だ。

浜川崎駅から川崎貨物駅までの区間は、夜になると「工場夜景」のメッカとなる臨海工業地帯。昼間は殺風景な工場群だが、そこを貨物列車が走るとよく似合う。

高速道路と並走したり、運河を渡ったりして九時五十八分、川崎貨物駅を通過。

この駅は、付近一帯の工場群へと延びる多くの貨物専用線を束ねる拠点。燃料系の貨物も多く扱うため、コンテナ専用駅とはまた違った風情がある。構内に進入すると、左右に線路が無数に枝分かれしていく。どんどん眺望が開けていく中、わが列車の前方に、側溝のようなくぼみが見えてきた。地下へと潜っていく二本のレールと、その先にはトンネルが口を開けている。

「いよいよ来たか……」

羽田空港の下を通る点線＝東京港トンネルへの憧れ

大袈裟なことを言うようだが、記者はこのトンネルを通るのが夢だった。

その存在を知ったのは昭和五十年頃だったろうか。小さい頃から地図を眺めるのが好きだった少年は、ある日、地図に描かれた「羽田空港の下を通る点線」を見つけた。

これは何か？

インターネットもない時代に、調べようもない。周囲の大人に訊いてもわからない。悶々と過ごしていたある日、新聞だか鉄道雑誌だったか忘れたが、これが貨物列車専用の海底鉄道隧道「東京港トンネル」であることを知った。

青函トンネル開通前の当時、「海の下」を鉄道で通れるのは関門トンネルだけだと思っていた。ところが、意外に近く（当時横浜在住）に海底トンネルがあるとの情報がもたらされたのだ。

「通りたい！」

と少年は思ったが、貨物列車専用だから通れない。関門トンネルも、その後に開通する青函トンネルも、お金さえ払えば列車で通れる「海の下」だが、すぐそばにある「海の下」はお金を出しても通れない。そこを通るには貨物列車の運転士になるしかないのだ。

このトンネルを通るために貨物列車の運転士（当時は「機関士」といった）になろう、と本気で考えた。その頃は貨物列車にも車掌が乗務していたので、運転士が無理なら車掌でもいい――と、妥協案を立ててまで夢見たのだ。

昭和で見た夢が令和に実現

結局そのどちらにもなれなかった元少年は、大人になっても東京港トンネルへの憧れが消えなかった。せめてトンネルの出入り口だけでも見ようと、聖地巡礼もした。

海底トンネルの川崎方の出入り口は、京浜急行大師線の終点、小島新田駅を出てすぐのとこ

東京港トンネルの川崎側の入り口。

ろにあり、貨物駅全体をまたぐ橋から眺めることができる。橋の上からトンネルの出入り口を見下ろし、生まれ変わったら今度こそ貨物列車の運転士になろう、と思った。

ところが夢は、生まれ変わる前にかなった。昭和で見た夢は、平成を経て令和に至り、ついに実現の時を迎えたのだ。

わが第四〇七二列車は、幾筋もある線路の中から、トンネルに向かう一本を選び抜くと、徐々に「くぼみ」を潜航し、トンネルに突入した。

東京港トンネルは複線だが、そのほとんどの区間で上下線が別々に掘られている。しかし、川崎方の開口部からわずかな区間は上下線の間に仕切りがない。トンネルに入ってすぐの十時〇〇分。いままさにトンネルを出ようとする下り列車

東京港トンネルの東京側出口。

とすれ違った。「東京タ」を九時五十分に出発した千葉貨物駅行き第四〇九五列車。お互い定時運行だ。

トンネルの中で上下線が分かれた。見た目は単線だ。

列車の運転席の後ろに立って、前方を眺めながらトンネルを通る時は、複線よりも単線のほうが断然楽しい。車両のすぐ両脇まで壁が迫った暗く狭い空間を、高速で安全に走り抜ける迫力は、鉄道にのみ与えられた快感だ。

それだけでも愉快なのに、いま自分の頭上には海があり、空港があり、飛行機もある。そんな海底の下を、人が乗れないはずの貨物列車で走っているのだから、感動は尽きない。

海底トンネルを五分ほど進むと、前方に光が差し込んできた。夢にまで見

運転室から見たトンネルの内部。

た東京港トンネルの旅が、ついに完遂した。

地下空間から地上に顔を出すと、そこが終点の東京貨物ターミナル駅だった。

林立する倉庫群、広大な敷地にいくつもの機関車や貨車が連なり、ホームにはコンテナが並んでいる。闇に閉ざされた狭いトンネルから、突如明るくて広いターミナルに出てきた時、母親の胎内から生まれてきた瞬間の光景を連想した。ものの三十分貨物列車に乗るだけで、色々なことに思いを馳せられるものだと、わがことながら感心する。

日本一の広さを誇る「東京タ」の中心部に差しかかった第四〇七二列車は、速度を落としながら十本ある着発線の中の「着発二番線」に入線した。十時八分、定刻通りの到着。

トンネルを抜けると東京貨物ターミナル駅に到着。

添乗区間が延長した！

これで第四〇七二列車の添乗は終わりだが、同乗した広報室の中村さんから驚きの提案が示された。

「このあと貨車をコンテナホームに入れて切り離し、機関車を留置線に移動させるのですが、そこまで乗られますか？」

昨年秋、記者は誰の紹介もなく、ＪＲ貨物の広報室に電話をかけた。取材の意図を告げ、企画書を郵送し、打ち合わせに行った。

「貨物駅を見学したい」

「貨物列車に乗りたい」

「短絡線を走りたい」

そんな、誰に話してもも理解してもらえない訴えに、真剣に耳を傾け、要望に応え続けてくれたＪＲ貨物広報室は、もはや記者の思い

運転席の窓から顔を出し後方を確認する運転士。

を見抜き、先回りして提案してくれるまでに心が通じ合っている。このありがたい提案を断る理由などない。運転士には迷惑をかけるが、最後まで見届けさせてもらうことにする。

着発二番線で地上職員からトランシーバーのような無線機を受け取った運転士は、列車の最後部近くに待機する別の職員との交信テストを始めた。これからこの列車は、後ろ向きに走って、二十六両の貨車をコンテナホームに押し込むのだ。

運転席から列車の後方は見えない。頼りは無線の指示だけだ。

十時十一分。「ピッ」と短く警笛を鳴らすと、列車はゆっくりと後進を始めた。運転士は窓から顔を出して後方を凝視する。今日は晴天だが、雨や雪の日は大変だろう。

ゆっくり走っているとはいえ、何度もポイントを渡り、そのたびに右に左にとカーブする。たかだか一〇六七ミリの幅の線路の上を、重くて長い貨車を後ろから押して、よく脱線しないものだと感心する。

速度を落としながら運転士と副区長が喚呼する。

「四〇……三〇……二〇……一〇……五メーター…………停止！」

十時十四分、コンテナ二十一番線に停止した。

宇都宮から引っ張ってきた貨車を切り離して身軽になったEF65形式電気機関車2075号機は、十時十七分、前進を始めた。不思議なもので、運転席にいるだけで軽くなった感覚がわかる。

先ほど本線から到着した「着発二番線」に戻ると、一旦停止して地上職員に無線機を返却。すぐに発車すると、さらに奥へと進んでいく。

広かったターミナルも、先端に近づくにつれて線路が集約されて先細りになっていく。最大で二十二本も並んでいた線路が三～四本まで減ってきた。

線路を覆うように生える草の伸び方で、ターミナルの終端部が近いことがわかる。

十時二十三分、最果て感の漂う「機待三番線」に停止。

「東京タ」の構内をほぼ二往復

ここからもう一度逆向きに走って、さっき貨車を切り離したコンテナホームに近い「機留

「EF66」の最後の現役車両。

線」まで移動する。

先ほどは運転士が窓から顔を出して無線を頼りに後進運転したが、いまは後ろに貨車がいないのでその必要はない。反対側の運転台に移動する。

電気機関車の、前にも後ろにも同じように進める構造の利便性が、こんな時によくわかる。車も飛行機も、船も馬も、前進するのは簡単だが、真後ろに進む時には難儀する。蒸気機関車も同様で、昔は終着駅に着くとターンテーブルという円盤に載せて、向きを反転させていた。

その点、電気機関車、ディーゼル機関車、電車は、乗務員が移動すれば、それまで「後ろ」だったものが「前」になる。鉄道のように、線路の上でしか行き来できない乗り物にとって、これはきわめて大きな強みだ。

晴れて後ろ前になったわが機関車は、いよ

いよ最後のひと走りを始めた。

再び横に広がっていく膨大な数の線路の中で、最も西側に敷かれた線路を通って、機関車を留置する機留線に向かう。短い時間に広い「東京タ」の構内を、ほぼ二往復したことになる。

十時三十一分、「機留三番線」に到着。これで添乗体験は本当に終わってしまった。

去りがたい気持ちを抑えて機関車を降りると、すぐ横には、かつてブルートレインを牽いていた国鉄生まれの「ＥＦ６６」の最後の現役車両、27号機が、静かに休んでいた。

人生で得られる幸運の、かなりの量をこの一時間で消費したような気がした。

◇

東京貨物ターミナル駅は、東京都品川区八潮にある総面積七十五万平方メートルのコンテナ専用貨物駅。最大の幅が東西に六百メートル、最大延長は南北に三千六百メートルにも及ぶ。

東京にあるもう一つの貨物駅・隅田川駅の全長が千四百八十メートル弱ということを考えると、その長大さがわかる。

輸送量は毎年前年比約一〇三％の伸び

「百年以上の歴史を持つ隅田川駅に対して、ここが開業したのは一九七三年。歴史が浅いんです。ただ、こちらは最初から〝コンテナ専用ターミナル〟として設計して作られたので、使い勝手はいいですね」

と語るのは、駅長の安田晴彦氏。

駅の南端にある駅本屋の屋上から見渡すと、遥かかなたまで無数の線路が延びており、その巨大さを実感できる。

「無数」などという適当な表現では申し訳ないので正確に記すと、コンテナホーム五面、コンテナの積み下ろしを行う「荷役線」が十本、本線に出発する、あるいは本線から到着する「着発線」が十本あり、他に十二本の「留置線」と十本の「検修線」がある。

これらの線路は縦に並んでおり、二十六両編成の貨物列車がタテに二本、余裕を持って〝縦列駐車〟できるほど長いのだ。

隅田川駅を見学した時は、周囲に林立する高層マンションに挟まれるように展開する貨物駅——という〝異空間〟に息をのんだものだが、「東京タ」は、純粋に〝広大さ〟に圧倒される。

JR貨物の社員が七十名と、そのグループ会社に所属するフォークリフトの運転士らがやはり七十名従事しているのだが、広過ぎて人口密度は実際以上に低く感じられる。

先に触れた通り、近年はトラックドライバーの減少から貨物鉄道を利用する企業が増加傾向にあり、輸送量は毎年前年比約一〇三％の伸びを示している。

「ここから眺めていても、貨物鉄道の勢いが実感できます。特に年末や年度末の繁忙期は、見た目にもコンテナが増えて壮観です」（安田駅長）

「広いなあ」とか、「海が見えるぞ」（目と鼻の先に大井埠頭）とか、「あっ、飛行機だ」（運河を隔てて羽田空港）などとのんきな感想を言っていられるのは、こちらが部外者であることと、この日は特にダイヤの乱れもなかったことによる。天気にも恵まれたし。
しかし、ひとたびダイヤが乱れると、駅は大変な忙しさとなる。
「広いとはいえ、毎日七十本の列車が発着するのに対して、着発線は十本なので、効率よく列車を出し入れしなければなりません。平常時の列車の動きは作業ダイヤに沿って決められていますが、〝異常時〟は人間がアタマで考えて作業変更を行わなければならない。しかも、考えるだけでなく、それに応じて現場スタッフには迅速な対応が求められます。本線を走る列車が秒単位のダイヤ通りに走っていることはご存じの通りですが、貨物列車は駅にいる時も、やはり〝分単位〟のスケジュールに沿ってコンテナの積み下ろしが行われています。一人ひとりの社員が、定められた時間内に、所定の貨物を所定の貨車に載せることで、正確な輸送が実現するのです」（安田駅長）
ダイヤが混乱している時の貨物駅の作業は、まさに〝神業〟と言っても過言ではないのだ。

高まる大型コンテナのニーズ

広い構内を移動するにあたって、今回ＪＲ貨物広報室は車を一台用意してくれた。車が構内を走る時、制限速度は時速二十キロ以下に設定されている。ゆっくり進む我々の車の近くを、忙しそうにフォークリフトが走り回っている。

一般的にフォークリフトというと、二本あるＬ字型のフォークをコンテナの底にあるポケットに差し込み、それを持ち上げて移動する姿を想像するが、このタイプのフォークリフトが荷役できるのは、十二フィートか二十フィートコンテナに限られる。

それに対して、近年は大型コンテナのニーズが高まっており、三十一フィートの大型コンテナを利用するケースが増えている。

「東京タ」発送実績のコンテナのサイズ別比率を見ると、二〇一四年は十二フィートが五五・二%、三十一フィートが三二・一%だった。これが二〇一八年になると、十二フィートの四八・九%に対して、三十一フィートは三六・九%とシェアを伸ばしている。十トントラックと同等の量を積載できる利便性が評価されていることが背景にあるようだが、「大きい」「重い」という貨物鉄道が得意とする荷物が、鉄道によるコンテナ輸送にシフトしてきていることは事実だ。

一般的な貨物鉄道用の十二フィートコンテナが、長さ約三・六メートル、積載容量約十九立方メートル、積載重量約五トンなのに対して、三十一フィートコンテナは、長さ約九メートル、積載容量約四十八立方メートル、積載重量約十四トンにも及ぶ。さすがにこれだけの長大コンテナを通常のフォークリフトでは持ち上げることができない。

そこで、「トップリフター」という、大型コンテナ専用の特殊なフォークリフトが使われる。これは、港湾荷役で船とコンテナヤードの間でコンテナの積み下ろしをするガントリークレーンと同じように、コンテナを上から吊るすように持ち上げて移動するフォークリフト。ガントリークレーンと違うのは、この大きなコンテナを吊り下げたまま、自由自在に動き回れると

「東京タ」で稼働する「トップリフター」。

いう点だ。

三十一フィートコンテナを吊り下げて近づいてくるトップリフターの迫力は半端ではない。鷹や鷲のような大きな鳥が、羽を広げて襲ってくるような威圧感がある。

「小学生の社会科見学などでは、ダントツの一番人気なんですよ」と広報の中村さんは笑って話すが、恐がりの記者などは遠くから眺めるくらいがちょうどいい。なので今回も、車の中から遠望しつつ説明を聞く。

現在「東京タ」では、下から持ち上げるタイプのフォークリフトが二十二台、上から吊り下げるトップリフターが十台稼働している。

いずれも見ていると、コンテナを持ち上げたり吊り下げたりしている時は、目の前にコンテナがあるので運転席から前が見づらくなる。それでもすべてのフォークリフトが、一センチのズレもなく貨車にコンテナを積んでいく。それもきびきびと動いて……。

聞けばフォークリフトでのコンテナの積み下ろし技術を競う競技会もあるという。その細やかな動きは見ていて惚れ惚れする。

前回の隅田川駅の取材の時に、フォークリフトの操縦士に話を聞く機会があったが、決められた時間の中で、間違いなく、確実にコンテナを積み下ろしするには「経験とチームワークが不可欠」と話していたことを思い出した。

親切設計の「レールゲート」

そんな「東京タ」で、いま新しい施設の建設が進んでいる。「東京レールゲート」というマルチテナント型大規模物流施設だ。

これまでJR貨物では、貨物駅構内に「エフ・プラザ」という物流施設を展開してきた。これは契約する企業ごとに、その企業の求めに応じた物流施設（倉庫）を貨物駅構内に建設し、貸し出すというものだ。「東京タ」の構内にも十一棟のエフ・プラザが稼働中だ。

これに対して現在建設中の東京レールゲートは、先に施設を作って、そこにテナントが入る――というもの。エフ・プラザが戸建て住宅なら、レールゲートはマンションのような位置付けと言えるかもしれない。

「契約企業ごとの希望に合わせた仕様で建設するエフ・プラザは、契約期間が長い半面、退去されると他社への汎用性が低いというネックがありました。その点、レールゲートは、どのフロアも基本的に共通のつくり。契約期間も短いので、これまで貨物鉄道を利用されてこなかった企業にも使いやすい設計です」と語るのは、同社事業開発本部開発部東京レールゲート推進グループの村尾富浩グループリーダー。使う側のメリットについて、こう説明する。

「従来は、お客様の倉庫で荷物をコンテナに入れて、そのコンテナをトラックに載せて貨物駅まで移動させる必要がありました。しかし、トラックドライバーの減少を背景に、点在している倉庫の集約化を考える企業も増えてきた。集約するなら貨物駅構内に物流拠点を置くことで、輸送にかかる手間と時間とお金を節約することができます」

施設の設計も、〝マルチテナント〟を意識している。

「エフ・プラザなどの従来の貨物駅の倉庫施設は、一階にトラックが接車して、建物の内部では貨物をエレベータや垂直搬送機で移動させていましたが、レールゲートはトラックがランプウェイからそのまま各階のお客様のフロアまで入れる設計なので、その点での利便性も高まります」

「東京タ」には二棟のレールゲートを建設する予定だ。現在工事中で二〇二〇年完成予定の「東京レールゲートWEST」は七階建てで、貸床面積四万三千二百九十一平方メートル。これから建設が始まる「EAST」は二〇二二年完成予定。地上五階建てで、貸床面積は約十三万七千平方メートル。

一つの施設の中に複数の企業が入居し、そこで商売をすることもできるレールゲート。同社の真貝康一社長は、「〝貨物駅のエキナカ〟のように使ってほしい」と提案する。

隅田川駅を取材した時にも感じたことだが、こうした貨物駅や貨物列車というものは、鉄道マニアでもない限り、普段の日常生活の中で、まず意識することのない存在だ。しかし、その存在がなければ、私たちの生活は簡単に破綻する。

いま、身の回りにあるものの中にも、貨物列車で運ばれて、「東京タ」や隅田川駅を経て、私たちの手に渡ったものは少なくない。

そんな私たちの生活を支える〝物流〟という大切な仕組みが、私たちの知らないところで急速な変化を遂げようとしているのだ。

日本最大の貨物駅にある「中央研修センター」に潜入

南北に長い「東京タ」のほぼ中央に「中央研修センター」という施設がある。本棟と大井機関区の三階、実習棟、車両技術研修棟の四つの建物と、実物の線路と踏切からなる「実習線」の五施設で構成されている。

まずは本棟二階の会議室で、同センター副所長の浅井雄吉氏から施設の概略を伺う。

同センターは、それまで同じJRグループの各旅客会社に委託していた運転士養成教育を自社で行う目的で一九九四年に運輸大臣（当時）の指定を受け開設された「動力車操縦者養成所」を母体とする研修施設。現在は運転士養成の他に、車両メンテナンス、保全、駅業務、管

甲種電気車運転講習課程の受講者。

理研修など、新入社員研修を含む職能別・階層別教育を行っている。

「新入社員教育は座学と安全行動訓練、無線講習などを含めて約十日間、車両や保全研修などはそれぞれ一～四週間、一方、運転士養成研修は学科の四カ月、技能の六カ月と長期間に及びます」と浅井氏。

同社にはここ数年、約二百名の新入社員が入社しており、その約一割が女性だ。そこで今年の春、この施設内に二十四名まで収容できる女性専用の宿泊施設を作った。〝貨物女子〟は増えているのだ。

取材に入った日は「甲種電気車運転講習課程」という授業が行われていた。受講者は二名。教室を覗くと、ＥＦ８１という電気機関車の電動機についての講義の最中だった。

「回転子の電流の向きが変わると〝左手〟の関係で力の向きが逆になるので、回転方向に

記者が体験中のシミュレーター。

対して反対の力が発生してしまう。中間点には電気を流さないで……」

〝左手〟とはおそらくフレミングの例のアレのことだと思うが、詳しいことはわからない。

異常発生時の対応を学ぶシミュレーター

講師の話に熱心に耳を傾ける二人の受講者。記者も熱心に聞いてみたのだが、講師の話す内容も、黒板に書かれた文字や数字の意味もまるで理解できない。記者の電気機関車の運転士への夢は絶たれた。そこにいても授業の邪魔になるだけなので、逃げるように退散する。

次に向かったのは実習棟。ここでは本物の電気機関車を使ったシミュレーターによる訓練が行われる。ただし、このシミュレーターは運転技術を習得するためのものではない。

運転中に起き得る事故など異常発生時の手順や対応を学ぶための教材だ。実際の運転技術は本線で、実物の機関車を使って身に付けることになる。

教材機はEH500形式電気機関車。第一章の土浦─隅田川添乗取材でも乗った「ECO-POWER金太郎」の愛称を持つ名機だ。側面のパネルが透明になっていて内部の装置が見える。古い例えで恐縮だが「キカイダー」の顔のようなイメージだ。

案内をしてくれたのは同センターグループリーダーの服部一利氏。北海道などでディーゼル機関車に乗ってきた元運転士。大きな声ときびきびとした動きが印象的な教官だ。

「どうぞおかけください」

服部教官に促されて、機関車の運転席に座る。フロントガラスの外にはモニターがあり、そこに映し出されるCGの画像を見ながら運転するのだが、映っている風景に見覚えがある。

「今日は常磐線にしました。長田さんに前回乗っていただいた常磐線の上り線を、藤代から取手まで運転していただきます」

前回、隅田川駅を取材した際に、特別に常磐線の土浦駅から隅田川駅まで貨物列車に添乗させてもらった。その時に運転席から見たのと同じ風景が、CG処理されてモニターに映っていたのだ。

さすがに指導教官は準備に余念がない。記者が昨年書いた貨物列車の添乗記はもちろん、数年前に寄生虫に中《あ》たった時に書いた「わがアニサキス戦記」という、貨物とも鉄道とも無関係の記事にまで、事前に目を通してくださっていたという。ありがたい。モノカキ冥利に尽きる。

常磐線の藤代駅と取手駅の間には、交流から直流に切り替わるデッドセクションがあるので、研修素材としてよく利用されるという。このシミュレーターには他にも、保安装置の切り替えがある東海道本線の醒ケ井《さめがい》〜米原間、特殊な保安装置を使う新潟県の白新線などの映像データが入っているという。

記者が運転席に座ると、服部教官は出発前の確認作業を始めた。運転席の周囲にある色々なスイッチを入れ、メーターの類いなどを指差しながら、よく通る大きな声で喚呼する。

「方向切替スイッチA線ヨシッ！」

「白色灯点灯ヨシッ！」

「通貨《つうか》九十五！　九十五ヨシッ！」

「藤代#$♭&！」

ところどころ聞き取れない専門用語が挟まるのだが、記者が運転席で呆然としているうちに、教官によってたちまち出発準備が整った。

「進行！」と服部教官が叫ぶ。しかし、あいにく記者は普通自動車の免許証しか持っていない。電気機関車の動かし方を知らないのだ。

どうしたものかと困っていると、教官が言う。

「ここは緩やかな下り坂なので、ブレーキを解除すると前に転がりますよ」

それは大変だ。大事故につながりかねない。とりあえず発車しなければならないのだが、妙なところを動かして高価な電気機関車を壊してもいけない。見かねた教官が指示を出してくれた。白いボタンを押したり、黄色いボタンを押したり、もう一度黄色いボタンを押そうとしたら「もう押さなくていい」と言われて押さなかったりした末に、ノッチを「十」に入れたら、わが列車はゆっくりと前進を始めた。

それはじつに感動的な発進であった。そもそもこの人生で貨物列車に乗れるなどと思っていなかったのに、昨年と今朝の二度にわたって乗ることができた。そしていま、よもやこの人生で運転できるなどと思っていなかった電気機関車を、シミュレーターとはいえ運転できたのだ。

わが列車には「第二〇七四」という列車番号が与えられている。「ニセンナナジュウヨン列車」ではなく「フタセンナナジュウヨン列車」と読むところがボートレースみたいでかっこいい。

藤代を出た二〇七四列車は、徐々に速度を上げて取手を目指す。画面の中はあいにくの雨模様だ。後方へと移り行く風景と、スピーカーから流れる走行音が一致している。本当に運転している気分に浸れる。訓練とはいえ、愉快だ。

「ATS　PFに切り替わりました」

という女性のアナウンスが流れる。よくはわからないが、何らかの事情があって何かの装置が切り替わったのだろう。

速度制限一杯の三十五キロまで上げたところで、再び下り勾配に差しかかる。教官の指示に従い「惰行」に切り替える。なるほど下り坂だから何もしなくても速度が落ちない。省エネ走法だ。「うまくできたものだ」と感心していると、この区間のハイライト、交流から直流への切替地点が近づいてきた。記者の後ろに立つ服部教官が忙しくなる。

「交直切り替え！」

「直ッ！」

「直位置！　ヨシッ！」

「第三閉塞、進行ッ！」

「ヨシッ！」

「VCB開放！　ヨシッ！」

「ヨシッ！」

運転士役の記者は何もしていないのだが、服部教官の適切なサポートにより、色々なことがつつがなく進んでいく。

ここに座った以上は定時運行遂行の義務がある

いよいよ切替区間に入った。服部教官の指差し喚呼が続く。

「セクショーン！」

「VCB投入！」

「ホキ消灯ヨシ！」

「架線電圧千五百！」

「もとい、千六百！」

「ヨシッ！」

切替区間を無事通過し、やれやれと安堵に浸ろうとすると、服部教官から指示が飛ぶ。スピードを上げないと遅れが出るというのだ。お飾りの運転士とはいえ、ここに座った以上は定時運行遂行の義務がある。ノッチを「十四」まで上げる。

いい感じに速度も出てきたその時、服部教官が叫んだ。

「何かいるぞ！」

見ると緩やかなカーブの先二百メートルほどの線路上に、一頭のシカが佇んでいる。

野生動物がエサを求めて人里に出没するという話は時折耳にするが、東京のベッドタウンとして栄える取手の市街地に野生のシカが出るとは驚いた。急いでブレーキをかけるが、二十六両編成の貨物列車は簡単には止まれない。見る間に近づくシカは逃げようともせず、鈍い衝撃音を残して画面から消えた。

緊急停止した機関車の運転席に、けたたましい警報音が鳴り響く。服部教官の忙しさはピークに達した。色々な機器を指差しては「ヨシッ！」と喚呼を繰り返したのち、無線で輸送指令に連絡をとる。

「輸送指令輸送指令、こちらは二〇七四列車運転士です。どうぞ」

「こちら輸送指令。二〇七四列車運転士、内容をどうぞ」

「藤代取手間四十一キロ五百付近、シカと衝突し停車中です。どうぞ」

これを聞いた輸送指令は、周囲の列車に事故の発生を伝えるので、貴殿は列車の安全確認をせよという。指示に従い、教官は機関車を降りて脱線や車両損傷の確認に走る。本来そうしたことは下っ端である記者がすべきなのだが、何もできずにあたふたする。

「輸送指令」は〝二度呼び〟が基本

機関車を降りて後方へと走って行った教官が、遠くのほうで「ヨシッ！」と声を上げているのが聞こえる。記者も行くべきかとも思ったが、教官のきびきびした動きについて行く自信がない。下手に動いて足手まといになってはいけないので、運転席でシカの無事を祈る。

ややあって点検を終えた服部教官が戻ってきた。無線で輸送指令を呼び出し、脱線等の異常がないことを伝える。

運転席の周りで色々と点検し、ブレーキにも異常がないことを輸送指令に伝える。

服部教官が輸送指令を呼ぶ時は、「輸送指令輸送指令」と二度繰り返す。プロ野球中継のヒーローインタビューや大相撲中継の支度部屋情報の時の「放送席放送席」と同じだな……と、どうでもいいことを思う。ちなみにこの間、服部教官からも輸送指令からも、シカの安否への言及はなかった。

緊急停車から十六分後、輸送指令から運転再開の許可が下りて二〇七四列車は発車した。

ようやく運転にも少し慣れてきた。

突如「ブー！」とブザーが鳴る。初めて貨物列車に添乗した時は知らなかったが、これはEB装置といって走行中に一分間、何の操作もしないでいると鳴る運転士の生存確認ブザー。これに応じないと自動的に機関車は停止する仕組みだ。停止してはいけないので、元気であることを伝えるボタンを押す。これくらいのことは教官の手を煩わせなくてもできるようになっていたのだ。

しかし、ここで再び服部教官が異変を察知する。

「ブレーキ！」

またもや緊急停止だ。

「見てください。信号が消えてます」

言われてみれば消えているようにも見えるが、遥か先なのでよくわからない。このあたりは、経験と注意力の差なのだろう。

「輸送指令輸送指令。こちら二〇七四列車。藤代取手間上り第二閉塞信号機が滅灯しております。どうぞ」

これを受けて輸送指令が調査したところ、落雷による故障であることがわかった。

輸送指令の「信号機故障のため閉塞指示運転の取り扱いを行います。運転通告受領券を準備してください」という指示に従い、服部教官は何やら書類を取り出す。そして輸送指令の言うことを書き込んでいく。

「令和元年六月十四日、指令発信時刻十五時五十分。指令第一〇一号。藤代取手間第二閉塞信

号機故障。閉塞指示運転。信号機を越えて運転してもよい。速度時速十五キロメートル以下」

この通達文書の完成により、わが列車は、青信号が灯っていない区間を、条件付きで走行することが許されたのだ。

思えばまだ一駅も運転していないのに、じつに色々なことが起きた。その時々で服部教官は迅速に行動し、難題を克服してきた。それに比べて見習い運転士の記者は、ただただ呆然とするばかりだ。自発的な行動といえば、生存確認ボタンを押しただけ。〝フレミング〟もわからなかったし、とても自分には運転士になる資格はないな……と車外を見ると、取材に同行してきた「文春オンライン」編集部の池澤龍太デスクがこちらを見ている。運転したそうだ。

「替わります?」

「はい、替わります!」

藤代取手間第二閉塞信号機の手前で運転士が交代した第二〇七四列車は、取手に向けて出発した。

運転席の池澤デスクはうれしそうだ。

服部教官の指示に従い加速していく。今度の運転士は前任者より呑み込みがいいようで、スムーズに加速し、軽快に進行していく。モニターの雨もやみ、快適な運転を楽しんでいるようだ。

そして、その後は何のトラブルも起きないまま、列車は取手駅に到着した。

普段あまり表情を顔に出さない池澤デスクが、満面の笑みで機関車から降りてきた。

じつは目の前にいた「輸送指令」氏。

「いやあ、楽しかったです！」

そのあとから服部教官が降りてきた。

「右ヨシッ！　左ヨシッ！　足元ヨシッ！」

教官は最後まで安全確認を怠らない。

安全を確認せずに降車してしまった記者と池澤デスクは、恥ずかしくなってうつむくのだった。

懐中電灯一つで長大な列車を点検

訓練の途中で知ったのだが、「輸送指令」氏は我々が乗っている機関車の目と鼻の先にあるコンソールに座り、乗務員の表情を見ながら、列車に雨を降らせたり、信号機に雷を落としたり、線路にシカを放ったりしていたのだ。

どんな「異常」を起こすかは、服部教官にも伝えていないという。それを聞いて、異常発生時の服部教官の迅速かつ的確な対応ぶりに、あらためて驚かされた。

シカと衝突した時、服部教官は機関車の安全確認のため線路に降りた。今回は訓練なので機関車の足回りのみの確認だったが、実際の本線走行中の異常発生時には、後ろの貨車もすべて確認することになる。

しかも、日本の貨物列車は夜間に走ることが多い。人里離れた山間部で深夜に緊急停車すると、懐中電灯一つで最大二十六両の列車を一人で点検して歩かなければならないのだ。脱輪の有無を確認するだけでなく、衝突した動物の確認も必要だ。しかも、衝突するのは動物だけとは限らない……。

今回の体験訓練では、服部教官の「安全」に対する思いの深さが強烈に印象に残った。施設概要を解説してくれた浅井氏も、この研修施設で行われるすべての教育プログラムは「安全」という土台の上に乗っている──と話していた。以前インタビューした同社の真貝康一社長は、「安全への意識が頭から離れることはない」と語っていた（第三章参照）。旅客を扱わない鉄道会社にとっても、最も重要な要素が安全だということを、今回の取材で身に染みて理解することができた。

貨物列車を見る目が、少し変わった。

（初出「文春オンライン」二〇一九年八月二十九日。登場人物の肩書きは当時のもの）

3

JR貨物トップインタビュー

経営改革と未来の貨物輸送

真貝康一社長（当時。現会長）

国鉄分割民営化で昭和の終盤に発足した七つの鉄道会社の中でも、当時経営基盤がとりわけ脆弱で、「余命幾ばくもない」と囁かれていた日本貨物鉄道株式会社（ＪＲ貨物）が、三十数年の時を経て、平成の終盤に息を吹き返した。

不動産事業など鉄道以外の収入で凌いできた同社。抜本的な経営改革に取り組み、二〇一六年から本業の鉄道事業が黒字に転じたことで、連結経常利益は百億円を超えた。二〇一八年こそ山陽本線で発生した天候災害で大きなダメージを受けたが、それでも連結経常黒字を確保できる見通しだ。

そんな好調の背景には、深刻化するトラックドライバーの減少や、二酸化炭素排出量の削減に取り組む顧客（荷主）企業の思惑もある。

急速に体力をつけて令和に乗り入れるＪＲ貨物。その現状分析と展望を、社長の真貝康一氏（インタビュー当時。現在は会長）に聞いた。

「変えるをよし」の企業風土が自信をもたらした

――昨年（二〇一八）七月に起きた西日本豪雨災害で山陽本線が不通となり、ＪＲ貨物は大打撃を受けながらも、経常黒字を達成する見通しです。

真貝　首都圏や関西圏と九州を結ぶ山陽本線の貨物列車は一日あたり往復五十四本が走っており、当社にとってまさに大動脈の路線。これが止まると一日あたり約一億円の売り上げがな

集中豪雨の被害を受けた広島貨物ターミナル駅。

くなります。昨年度の災害では、百二十三億円の減収になりました。鉄道を利用していただいているお客様には大変ご迷惑をおかけし、災害対応の重要性を再認識した年でした。

鉄道事業全体の年間売上が約千四百億円なので、一割弱を失ったことになり、ダメージは甚大です。それでも黒字にできる見通しであることは、これまでの社員全員での経営改革・業務改革・業務創造プロジェクトなどの取り組みにより、企業としての体力が付いてきたことを意味します。特に、「変えるをよし」という企業風土になってきたことが大きく、社員にとっても未来に向かっての大きな自信になると思います。

南海トラフ地震への対策

――普段は貨物列車の通らない山陰本線を使った迂回運転などの「応急処置」も話題になりました。

真貝　今回の災害では、広範囲に、同時ゲリラ的に線路が流されたことで被害が拡大しました。しかも、がけ崩れと河川の氾濫が同時に起きたため、線路だけでなく道路までが何カ所も寸断された。線路を直す工事車両が現場まで入れないので、まず道路を修理して、それからようやく線路の工事に手を付けられるという状況となり、復旧までに時間がかかってしまいました。

迂回列車の他にもトラックや船による代替輸送を行いましたが、それでも確保できた輸送量は通常の三割弱に過ぎません。可能な限り輸送量を確保すべく努力をしましたが、鉄道、船、トラック、航空機と、それぞれの特性を生かした平常時の輸送体系が出来上がっている中で、大規模災害への緊急対応には限界があることも事実です。今後は、輸送モードごとの個別対応だけではなく、貨物輸送に関わるすべての輸送モード全体で、相互補完し合う災害時の対応策を考えていく必要もあると思っています。

――不通期間が百日に及ぶのは、阪神・淡路大震災の時を超えました。

真貝　阪神大震災の時は七十五日、東日本大震災は四十二日にわたって貨物列車を走らせることができませんでした。今回はそれらを凌駕する規模で、過去最大級の影響を受けたことになります。

そう考えると、いずれ来るであろう南海トラフ地震への対策は急務です。そのためには災害に備えた対策が不可欠で、これについては利用運送事業者とともに国に要請をしました。国は三年間で七兆円の災害対策の緊急対策費を準備し、これには鉄道への予防保全対策費も含まれ

山陽本線を迂回して山陰本線を走る貨物列車。

ています。

経営が厳しいJR旅客会社が増えた現状

――JR貨物は、基本的に自社としての路線をほとんど持たず、旅客鉄道各社に線路使用料を支払って貨物列車を走行させる形になっているため、インフラ整備も旅客鉄道各社に委ねる形になります。

真貝　昨年の災害においても、早期の復旧をJR旅客各社にお願いをしました。各社におかれては、昼夜分かたず、懸命な復旧工事に取り組み、当初の復旧予定をかなり早めて再開することができました。

――経営が厳しいJR旅客会社があるなかで、JR貨物と旅客会社との間の線路使用料は維持できるのでしょうか。

真貝　線路使用料のルールについては、一九八七年に国鉄が分割民営化された際、各社の経営が成り立つために設定されたスキームの一部です。当社が事業を継続していく前提になるルールであり、今後も、物流の面で全国の各地域の経済やそれを支えている人々、地域にお住まいの方々の生活に対して貢献する使命を果たしていくために必要なものです。

貨物輸送の新提案・新幹線による鉄道輸送は?

——JR九州が九州新幹線の車両の空きスペースを利用した貨客混載列車の運行を模索するという話も出ています。

真貝　新幹線の高速性を利用した貨物輸送を検証していくことは理解できます。新幹線を使ってまでの速達輸送への需要がどの程度あるのか、お客様にとってどの程度のリードタイムとプライスになるのか、事業性がどの程度あるのかなどが検証されるのだろうと思います。

——「リードタイム」という言葉が出ましたが、貨物鉄道の顧客には新幹線の速達性は馴染まない点もあるというお考えでしょうか。

真貝　貨物輸送のお客様は、リードタイム、コスト、輸送ロット、さらには物流におけるBCP(Business Continuity Planning＝災害などの緊急事態における事業継続計画)などを総合的に判断し、輸送する荷物についての輸送モードを選択します。新幹線による鉄道輸送がこれらの条件にどこまで合うのか、という問題で、お客様がどのように判断するかということだと思います。

総合的な輸送体系「モーダルコンビネーション」という概念

――環境問題の面から貨物鉄道が見直されるようになってきました。JR貨物のコンテナ輸送量は、二〇一一年の千九百六十一万トンから二〇一七年には二千二百六十三万トンまで増加しています。今後も鉄道への「モーダルシフト（輸送手段の転換）」はさらに続くのでしょうか。

真貝　環境問題については、トンキロ単位あたりの二酸化炭素排出量で確かに貨物鉄道輸送は圧倒的な強みを持っています。SDGsの取り組み等が企業に求められ、環境問題への対応も新しいステージに入ってきており、鉄道利用のニーズは高まっています。ただ、鉄道だけで貨物事業は成り立たないのも事実です。少なくとも出荷元から貨物駅までと、貨物駅から届け先までは、トラックが必要です。お客様には、鉄道＋トラックでの商品をご提案しています。また、昨年の豪雨災害のような事態を見据えた時、鉄道事業者だけでは解決できないことも明らかです。すべての輸送事業者が手を組んで考えていく必要があるのです。

物流において労働力不足や自然災害への対応が迫られている昨今、環境によりやさしいモードの選択という「モーダルシフト」という概念から、鉄道、トラック、船、航空機が、それぞれの特性を生かして、それらを組み合わせ、お客様にメリットのある商品をご提供できる総合的な輸送体系を整えていく「モーダルコンビネーション」という概念に、より重きをおいて考えていくことが重要だと思います。

以前は、貨物鉄道が競争力を持つのは五百キロ以上とされていましたが、いまでは三百キロ前後での利用も増えている。とはいえ、百キロ以下となれば、これは小回りの利くトラックのほうが適しています。鉄道だけで完結するというものではないので、トラックや船を交えた様々な輸送手段を効果的に組み合わせていくことが、これからの時代には求められるのだろうと考えます。

「安全」のための人材確保と労働環境の整備が不可欠

――二〇〇六年に九十二万人いたトラックドライバーの数が、二〇一七年には八十万人を下回るまで減少しており、残っているドライバーの高齢化も顕著です。こうした問題も鉄道貨物需要の増加の大きな要因となっているわけですが。

真貝　少子高齢化が進めば、トラックドライバーだけでなく貨物鉄道の労働力にも影響してきます。それに加えて、都市部への人口集中や、「働く」ということへの価値観の変化も、質の高い労働力確保に大きく関係してきます。こうした問題には、我々もしっかり対応していく必要があると感じています。

ＪＲグループ七社の中で、我々ＪＲ貨物だけが全国組織ですが、日本各地で優秀な人材を確保しなければならない。鉄道事業者として何より重視しなければならないのは「安全」であり、これを得るための優秀な人材の確保と労働環境や条件の整備は不可欠です。これまでも対策を講じてきましたが、今後も充実させていくつもりです。

社員が安心して生き生き伸び伸びと働くことができ、仕事のやりがいと自分の成長が感じられること、職種、地域についても、本人の意思・努力で選択する機会を得ることを目的に、四月から新しい人事制度がスタートしました。

あらゆる物流の集積地点「東京レールゲートWEST」

――東京貨物ターミナル（東京都品川区）に建設中の「東京レールゲートＷＥＳＴ」が来年三月に完成予定とのことですが。

真貝　これは貨物版「エキナカ」と言えます。貨物駅構内にお客様のための物流拠点を作り、貨物鉄道輸送との結節を生かして、商売をしてもらおうというもの。特に東京貨物ターミナルは、羽田空港や大井埠頭にも近いことから、あらゆる物流の集積地点として機能できます。貨物駅の間口を広げて、顧客にとって使いやすい貨物駅にしていこうという取り組みです。

同じ機能の施設を全国に作っていく計画があり、すでに札幌では具体的なプランが練られています。一方、貨物列車の「途中駅」となる貨物駅では、迅速かつ簡便なコンテナの積み下ろしが求められます。これについては「Effective & Speedy（Ｅ＆Ｓ）方式」の駅を増やしていきます。

東京レールゲート WEST（手前左）とレールゲート EAST（手前右）＝2022 年 7 月時点。

E&S 方式の荷役。貨車の上に架線がある。

従来は列車を一度架線のない荷役線に入れてからフォークリフトでコンテナの積み込み、積み下ろしをしていました。そのため、本線を牽いてきた電気機関車から構内作業をするディーゼル機関車に付け替えるなどの作業が必要なのですが、E&S方式は着発線の架線の送電を止め、電気機関車と連結したままで直接積み込み、積み下ろしができるので、時間とコストを大幅に削れます。現在全国二十九の駅に設置していますが、今後さらに増やしていく予定です。

二〇一八年に社長に就任した真貝氏は、元銀行マンだ。日本興業銀行で実績を積んだのち、長崎の大型テーマパーク「ハウステンボス」の常務として出向、十二年前にJR貨物に移籍してきた。経営資源を構成する「ヒト（ハウステンボス）」「モノ（JR貨物）」「カネ（興銀）」のすべての要素に、事業の対象として関わることになった真貝氏に、貨物鉄道への思いを聞いた。

銀行員、ハウステンボス……様々な経験から生まれた経営軸

——長く銀行に勤めていた経験が、いま生かされていると感じることはありますか。

真貝　直接これが、ということはあまりないですね（笑）。JR貨物に来て十二年になりますが、いまだに社員のみんなに育ててもらっている、という感じです。

私のいた日本興業銀行は、長く日本の基幹産業の大企業をお取引先としてきた銀行で、私は化学や非鉄金属などの業種、あるいは公共法人などの営業を担当してきました。企業審査として、まず一番見極めなければいけないことは経営者だ――ということは、若い頃から叩き込まれました。

また、一九八八年にできた虎ノ門支店のオープニングスタッフとなるのですが、ここは興銀として初めて、ビルの一階ではなく、五階に開設した貸付専門の「空中店舗」でした。ここで中堅中小企業の経営者と数多く付き合うことができ、学ぶことも多くありました。

特に、「〝リスクゼロ〟の経営では企業は伸びない」ということは、その頃に身についたと思います。リスクを取りながら利益を追求していくのが経営の在り方だ、という考えは、自分が経営者になったいまも大切にしています。

――その後ハウステンボスに出向し、常務も経験しました。

真貝　ハウステンボスは再建のために行ったのですが、バブル時代に作られたこともあって、リスクを取り過ぎていました。東京や大阪なら事業性はあると思いますが、長崎で数千億円の投資でテーマパークを作るのは無理があり過ぎました。ただ、金融機関の多額な債権放棄によりいまでも地域社会に大きな貢献をしている。そうしたところを見てきた経験は、経営をしていく判断として活きているとは思います。

その意味で、ＪＲ貨物もリスクを取っていかなければならない、という点は同じです。ただこれまではその資金的な余裕が中々なかった。いまは連結で百億円、キャッシュフローでいえば二百五十億円が常時出るようになったわけですから、それをどんなところに投資していくべきなのかをよく考えなければならない。上場をきちんと見通せるよう、注力すべき分野の優先順位をつけて見定めていく必要を感じています。

新しいブランド・メッセージを「挑戦、そして変革」とし、「ＪＲ貨物グループ中期経営計画２０２３」で鉄道事業を基軸とした総合物流グループの進化や新技術導入・新規事業展開を打ち出したのも、そのような考えに沿ったものです。

「企業として安全はすべての基盤である」

――どんなところに鉄道事業の難しさを感じますか。

真貝　当たり前のことですが、「安全」への意識が頭を離れることがない、ということかもしれません。銀行員が送金ミスをしたとしても、それで人の命が奪われることはない。しかし、運輸事業者が安全上のミスをしたら取り返しのつかないことになります。

一九八五年に起きた日航機墜落事故では、興銀の社員が二人犠牲になりました。当時私は組合執行部の専従として対応にあたったこともあって、なぜあのような事故が起きたか、あの時のことを忘れることができません。「企業として安全はすべての基盤である」と口うるさく言っています。

原風景は「貨物列車のある情景」

――個人的に鉄道との接点はありますか。

真貝　私は秋田の生まれで、いまの秋田貨物駅（当時は八幡田《はちまんでん》信号場、のちに秋田操車場）の近くで育ちました。自宅にいれば貨物列車の音が聞こえてくるようなところで、友達にも国鉄職員の子がいました。

そう考えると、貨物列車のある情景が私にとっての原風景と言えるのかもしれません。両親が新潟出身なので、墓参などでよく羽越本線を利用しました。列車の車窓から眺めた日本海に沈む夕日は、いまも強く印象に残っています。両親も私も「日本海側」の人間なので、それだけに東京や都市部への人口集中で何が起きるのか、を憂慮する思いが強いのかもしれないですね。

物流という仕事に携わりながら、心のどこかに「東京ばかりが便利になっていいのか……」という思いがあるのも事実です。地方の人たちの生活を豊かにするためにも、貨物鉄道が果たすべき役割を考え、その仕事を進めていきたいですね。

――そういった国鉄時代に採用された社員の定年が進み、ほぼ「ＪＲ世代」に入れ替わる時期を迎えています。

真貝　ベテランの技術は今後も重要な戦力であり、国鉄世代の定年再雇用後の人事制度や給与体系の抜本的な見直し、休日数を選べるシフト制なども導入しました。

一方では、若い社員の定着率を高める取り組みを進めています。たとえば支社の採用者が、その人の事情に合わせて別の支社への転属や担当する区間の変更、運転士であれば乗務できる機関車の形式を増やすなど、時代に合った働き方ができる労働環境の整備に取り組んでいます。

貨物鉄道の世界には、世代間で技術を伝承していく仕組みがあって、たとえ中間層がいなくても「ベテランから若手へ」と技術は確実に伝わっていく風土があります。国鉄世代の技術をJR世代が確実に受け継いで、安全運行に取り組んでいく、という姿勢は今後も変わりません。

運転士によるリレー方式――確立された輸送体系が強み

――乗務員の手配には「全国区」ならではの苦労もあるようですね。

真貝　たしかに貨物列車は運行区間が長距離なものが多いのですが、実際には運転士は細かく交代しています。現在、一番長い距離を走るのは札幌貨物ターミナルと福岡貨物ターミナルを結ぶ列車で、約二一四〇キロを福岡行きは三十七時間弱、札幌行きは四十時間以上をかけて走っていますが、これなどは十四人の運転士によるリレー方式で列車を走らせている。言い換えれば、こうした輸送体系が確立されている点が貨物鉄道の優位性でもあるのです。
たとえば、札幌から福岡に貨物を運ぶとして、トラックを十四人のドライバーがリレーするという考え方は現実的ではない。逆に船は、船内で乗組員が交代で休憩を取ることはあっても、一度港を出たら途中で下船して家に帰ることは不可能です。

その点、鉄道は、一定の時間、一定の距離ごとに運転士を交代させることができ、降りた運転士は逆向きの列車に乗務することで、その日か翌日には家に帰ることができる。こうした貨物鉄道ならではの労働条件は、他のモードと比較しても有利だと思います。

鉄道貨物が抱える問題をテクノロジーで解決できるか

――そんな中にあって、労働面で解決すべき課題はどのような点でしょう。

真貝　日本の貨物鉄道の作業の多くが「夜間」に集中している点は、労働力確保の面でネックと言えます。首都圏を中心に日中は旅客列車が頻繁に走っているため、貨物列車が入り込む隙は多くない。また、夜発送して朝届ける、というタイムスケジュールを前提に物流が回っていることも事実です。こうした点は、働くことへの価値観が変わり、労働人口が都市部に集中する中で、今後解決していかなければならない課題になっていく可能性があります。

――労働力確保の面では、ＩｏＴやＡＩを活用する余地もありそうですが。

真貝　ＩｏＴへの期待感は強く持っています。いまは貨物駅構内でのコンテナの移動や積み下ろしはフォークリフトに、貨車の編成は入換機関車に頼らざるを得ません。どちらもマンパワーに依存する作業です。しかし、これらは自動化できる可能性があります。

たとえばヨーロッパなどでは、船から下ろした貨物を、港湾のなかに引き込まれた線路上の指定された列車の指定された車両までコンピュータ制御で移動させる「オンドックレール」というシステムが普及しています。また、貨物駅のように本線とは別に設けられた「閉ざされた区域」においては、貨車の切替作業を遠隔操作で行うことも十分可能でしょう。

全長六百五十メートルに及ぶ貨物列車のコンテナと貨車を、出発前に一つひとつ確認して回る「積み付け検査」という作業があります。冬は寒く夏は暑く、雨や雪の日は本当に大変な作業なのですが、これを画像診断のような形で自動化することも可能です。こうした省力化が進めば労働環境は向上し、先に述べた「上質な労働力の確保」にもつながるはずです。

従来の設備を有効活用「積替ステーション」

――昨年取材させてもらった隅田川駅でも感じたのですが（第一章）、貨物駅の多様化が急速に進んでいるように思います。

真貝　東京レールゲートのように新しい設備を作るだけでなく、従来からある設備の有効活用にも力を入れていきます。たとえば、従来は出荷元の工場なり倉庫なりで荷物をコンテナ詰めし、そのコンテナを貨物駅まで運んできてもらっていました。これだと駅での積み替え作業は簡単ですが、そこまでの道路輸送には「緊締車《きんてい》」というコンテナ輸送専門の車両が必要になります。

そこで、貨物駅構内に、線路に面し、積み替えスペースを用意し、そこでコンテナ詰めを行うサービス、社内では「積替ステーション」と言っていますが、これを開始しました。貨物駅までは普通のトラックで荷物を運べるので、顧客の利便性は高まります。この方法で、アサヒビールさんの商品を隅田川駅でコンテナ詰めして新潟行きの貨物列車で発送するサービスも始まりました。このサービスは非常に高いニーズを感じています。

「空荷」を解消した「ビール列車」

——ビールと言えば、「ビール列車」もJR貨物の収益増に貢献したそうですね。

真貝　これは、大阪から金沢までアサヒビールとキリンビールの同業種間での共同輸送の貨物列車です。

旅客と貨物の最大の違いは、旅客は「行けば帰る」という「往復」が基本なのに対して、貨物は「行ったきり」、つまり「片道」という点。何かを運んでも、帰りの荷物がないと列車を「空荷」で戻さなければならないのです。

そんな中で「ビール列車」は当社にとっても顧客にとってもメリットとなる事例と言えます。大阪の吹田貨物ターミナルと石川県の金沢貨物ターミナルを結ぶ貨物列車があり、金沢から大阪に向かう列車は清涼飲料水や紙製品などを運ぶ需要がありましたが、大阪から金沢に行く列車は「空荷」の比率が高かった。

そんな折にビール二社から「名古屋から金沢へ貨物列車で運びたい」という話があったので

す。残念ながら名古屋から金沢に向かう貨物列車はニーズが高くて余裕がない。そこで「大阪からの列車なら空きがあるのですが……」と話したところ、金沢向けのビールの生産拠点を名古屋から大阪圏に移して、この列車を利用していただけることになったのです。

――貨物列車で運ぶために生産拠点を移すとは大胆な決断ですね。

真貝 それだけトラックドライバー不足が深刻だということです。ただ、従来は空荷だったところにビール二社の商品が載るわけですから、こちらとしても比較的安くすることができます。顧客は輸送費を抑えてエコにも貢献できます。

大阪〜金沢間を走る「ビール列車」。

ちなみにこの取り組みによって、ビール二社は年間トラック一万台相当の輸送量をトラックから鉄道に切り替え、二千七百トンの二酸化炭素排出量削減を実現しました。結果としてお客様と当社の双方にメリットが生じたわけです。

――「線路があるところしか走れない」という制約がある鉄道貨物も、発想を変えることで、環境に配慮した効率的な輸送のために柔軟な対応ができることを、ビール列車は証明したことになります。

真貝　今回はビール会社による同業種間の共同輸送でしたが、他の業種でも複数の企業が手を組むことで効率的な輸送をしようという動きが出てきています。まとまったロットがあれば従来は通過していた駅に停車させることも、運休している土・日の列車を復活運転することも可能です。

また、これまでA駅とB駅とを往復していた列車を、A駅↓B駅↓C駅↓A駅と、三角形の運行形態にすることで「空荷」を減らす努力もしています。

貨物鉄道のことをあまりご存じない荷主さんに、利便性と効率性、そしてエコの面での優位性を知っていただき、的確なソリューションを提供することで、「埋もれたニーズ」を掘り起こしていく努力がさらに必要だと考えています。

（初出「文春オンライン」二〇一九年四月二十四日。登場人物の肩書きは当時のもの）

真貝康一（しんがい・こういち）プロフィール

一九五五年秋田県生まれ。七八年東大法学部卒業。同年日本興業銀行（現みずほ銀行）入行。みずほコーポレート銀行資本市場部長、証券部長などを経て、二〇〇七年日本貨物鉄道（ＪＲ貨物）事業開発本部グループ戦略部担当部長。常務執行役員東北支社長、取締役兼常務執行役員事業開発本部長などを経て二〇一八年代表取締役社長兼社長執行役員。趣味はヴァイオリン演奏、テニス、水泳、スキーなど。「ＪＲ貨物テニス部」元部長（社

長就任後は顧問)。二〇二二年より代表取締役会長兼会長執行役員。二〇二三年より日本物流団体連合会会長を兼任。

4

広島車両所探訪記

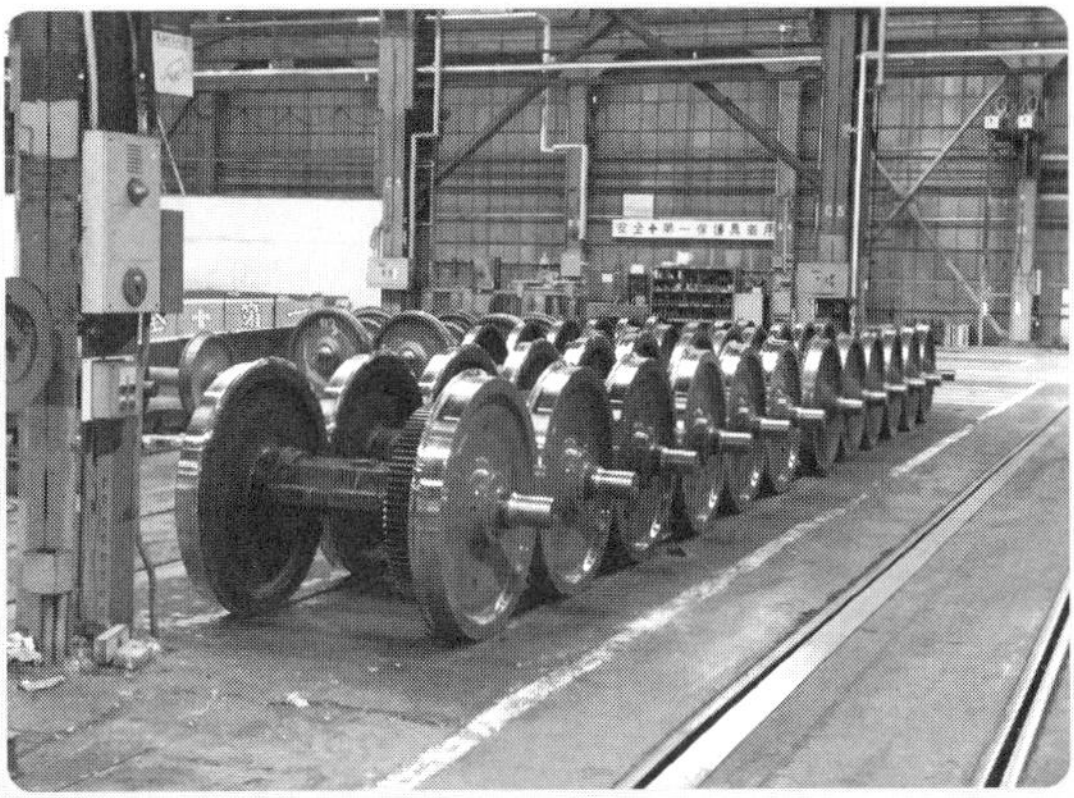

中
9
電気 部品

広島支店長の山田哲也さん（2019 年当時）。

重要拠点・広島

二〇一九年十二月十六日。尾道市内の病院で別件の取材をした記者は、新尾道駅から山陽新幹線こだま号で広島に移動して一泊した。

そして翌十七日午前十一時、ＪＲ貨物関西支社広島支店に、支店長の山田哲也さんを訪ねた。山田さんとは、第一章の「土浦発隅田川行き第二〇九二列車」の添乗取材の時からのお付き合いだ。当時山田さんは本社広報室長だったが、その後二〇一九年六月に広島支店長として赴任している。

支店長室に入ると、広島カープの赤いユニホームが飾られてあるのが目に入った。聞けば、取引先と野球観戦に行くときに着るユニホームとのこと。

「前の支店長から引き継いだんです」

と笑う山田さんは、話を聞く限りにおいて「熱心なカープファンではないものの、応援することに否定的なわけでもない」という立ち位置のようだ。広島で仕事をするうえでの礼儀のようなものだろう。朱に交われば赤くならざるを得ない立場としての赤いユニホームなのだ。そんなことで山田さんを困らせる意図はないので、話題を移して広島支店の営業内容を解説してもらう。

広島支店の社員は四百二十二人。テリトリーは広島、山口、島根の三県だが、島根県には貨物駅がないので、鉄道による貨物輸送は山陽本線の福山駅〜下関駅間が守備範囲となる。

貨物を取り扱う駅は、広島貨物ターミナル駅（以下「広島タ」）、大竹駅、岩国駅、下松《くだまつ》駅、新南陽駅、宇部駅、幡生《はたぶ》駅、下関駅の八駅があるが、このうちJR貨物社員の駅長がいるのは「広島タ」（広島市南区）、大竹（広島県大竹市）、新南陽（山口県周南市）の三駅のみで、あとはグループ会社に委託している。

貨物列車の運転士が配置される「機関区」は広島だけで、これとは別に機関車と貨車のメンテナンスを行う車両工場として、広島車両所を擁している。

じつは貨物専用の独立した「車両所」は全国でこの広島と川崎、輪西《わにし》（北海道室蘭市）の三カ所だけ。しかも、三カ所しかない貨物専用の車両所のうち、川崎車両所と輪西車両所の取り扱い車両は貨車のみ。機関車と貨車の両方を受け入れる工場は、現在国内で広島車両所一カ所しかなく、ＪＲ貨物の工場として見ても最大規模だ。

広島支店の管内は、北海道のように大量の農産品が出荷されるエリアではない。瀬戸内工業地域で作られる重化学系の貨物輸送が中心になる。「広島タ」からは自動車部品や宅配荷物など、大竹駅と新南陽駅からは化学薬品が中心だが、岩国には日本製紙の工場があることから、「紙」も同支店の主要取扱貨物となっている。

「重化学系の貨物が柱なので、米中の貿易摩擦や自動車産業の停滞などがダイレクトに響いてくる。営業的には決してラクではありませんよ」と山田氏は苦笑する。

広島県呉市にもＪＲ貨物のコンテナ集積基地があるが、貨物列車は呉線には入っていかない。呉で集められたコンテナは、トラックで「広島タ」に運ばれてくる。

呉だけではなく日本海側の荷物も同様で、列車輸送は山陽本線のみで行い、松江や出雲などの山陰本線沿線の貨物は、山陽本線の「経度」が近い貨物駅からトラックが垂直に（南北に）輸送する仕組みが構築されている。

迂回運転を実現した「匠の技」

そんなＪＲ貨物広島支店の運輸成績が二〇一八年（平成三十年）、大きく落ち込む。この年六月から七月にかけて西日本を中心に甚大な被害をもたらした「西日本豪雨」の影響で、広島支店の管轄内だけでも東福山駅～新南陽駅間二百二十一・七キロのうち六十三カ所で土砂流入や線路流出などが起きたのだ。

これにより、じつに百日間にわたって鉄路による物流は寸断された。この時はライバルである海運やトラック輸送と手を組み、物の流れを何とかつなぐことに奔走した。

一方で、普段は貨物列車が走っていない伯備線、山陰本線、山口線を使った日本海側を通る迂回運転で貨物列車を走らせるなど、できる限りの対策も講じた。

「線路さえつながっていれば貨物列車は走れるだろう、と思われがちですが、決してそうではないんです。貨物列車がその路線を走った実績があるか、そもそもその路線を運転したことのある機関車の運転士がいるかどうかなど、細かな条件をクリアしなければならない。運転士は信号機だけを頼りに列車を走らせているわけではなく、実際には車窓の風景を見て、『そろそろ加速』とか『ここはブレーキ』などの判断をしています。線路の状態や、どこに何があるのかを知ったうえで、予測して運転しなければならないので、ある日突然経験のない区間を運転することはできない規則になっているんです」（山田さん、以下同）

この時の迂回運転は全国ニュースでも取り上げられたが、じつは八月二十九日の運転開始に先立つ一カ月前から運転士を送り込んで、路線の特徴を覚えるトレーニングをしたうえでの運行だったのだ。

迂回区間のうち、広島支店が担当したのは米子駅から幡生駅までの三百五十・八キロ。米子駅～浜田駅間は広島機関区、浜田駅～幡生駅間を幡生機関区の運転士が乗務した。浜田駅～幡生駅間は山陽本線と接する幡生駅を拠点にできるからいいが、米子駅～浜田駅間は広島から見れば「離れ小島」のような区間だ。そこで、米子に本拠地となる事務所を構えて運転士の点呼などを行うことで、この緊急輸送を乗り切ったのだ。

とはいえ、山陰本線は長大列車の行き違いを想定した線路設計になっていないので、最大で貨車を七両しかつなげない。結果として平常時に山陽本線を走る貨物列車一本の三割程度の輸送量に留まった。一度に大量輸送ができることがウリの貨物鉄道としては、ギリギリの対応だったようだ。

「それでも運がよかったんです」

と山田さんは言う。

迂回区間は非電化区間なので、電気機関車ではなくディーゼル機関車で列車を牽引しなければならない。つまり、ディーゼル機関車の運転免許を持つ運転士でなければ運転できないのだ。

広島支店の管轄に、山陽本線の厚狭《あさ》駅から山陰本線の長門市駅を結ぶ美祢《みね》線というローカル路線がある。二〇一三年まで、ここを宇部興産伊佐セメント工場（現・UBE三菱セメント）から送り出される炭酸カルシウムと、中国電力三隅火力発電所から出るフライアッシュ（石炭を燃焼した際に出る灰）を輸送する専用列車が走っていた。美祢線は非電化なので、当時のセメント列車に乗務していた運転士はディーゼル機関車の運転免許を持っている。その運転士が現役で残っていたので、この迂回輸送は実現したのだ。

「彼らもいまは電気機関車を運転しています。久しぶりにディーゼル機関車を運転するのには勘を取り戻す必要があり、じつはそれが一番大変だった」

原爆被害を受けた「被爆建物」の危険品庫（油庫）。

電気機関車が高度にコンピュータ化されていく現代にあって、それでも最後は"運転士の勘"という、匠の技に頼らざるを得ない——という話に、得も言われぬ共感を持ってしまうのは、記者が部外者だからなのだろう。

歴史を刻む広島車両所

支店近くの定食屋で焼き魚定食をご馳走になりながら、そんな話を伺った後、山田さんの運転する車で「広島車両所」へ向かった。

芸備線「矢賀駅」の北東に広がる同車両所は、一九四三年（昭和十八年）に開所した歴史ある施設。構内にある「危険品庫（油庫）」は、第二次世界大戦で米軍が落とした原子爆弾の被害を受けた

いまだ増産を続けるEF210。

「被爆建物」に認定されている。

二〇一九年四月現在、ＪＲ貨物が所有する機関車五百五十三両のうち、三割強の車両がここで全般検査（オーバーホール）を受けている。機関車は形式ごとに全般検査ができる車両所が定められており、この広島車両所では岡山、吹田、新鶴見の各機関区に所属するＥＦ２１０と、富山機関区に所属するＥＦ５１０という交直両用機関車などが対象機関車となる。

「国鉄時代に作られたＥＦ６６の改良版で、平成に入ってから作られたＥＦ６６の１００番台という機関車があり、まだ十六両が現役で走っているのですが、これも広島車両所の扱いです。ＥＦ２１０はいま増産中なので、今後ここで検査を受け入れる機関車は増えますますね」と山田さん。

現在のＪＲ貨物はコンテナ輸送を主体としているが、稀にコンテナ以外の形で貨物を輸送することがある。代表的なのが燃料系の貨物で、これは石油輸送専用のタンク車を使って運ぶのだが、こうしたコンテナ以外の貨物を「車扱い」と呼ぶ。国鉄時代によく見かけられた「ワム８００００」などの有蓋車や「トラ４５０００」などの無蓋車などがまさに「車扱い」の貨物車両に該当する。

広島支店の管轄に下松駅（山口県下松市）という駅があり、ここからは日立製作所笠戸事業所で製造された鉄道車両が全国の鉄道会社に向けて発送される。この輸送は「甲種鉄道車両輸送」と呼ばれる。この輸送形態は、荷物である新製車両をＪＲ貨物の機関車で牽引して輸送するもので、荷物である車両の車輪を使って、レールの上を走らせて運ぶもの。これも分類上は「車扱い」となる。

現在、広島支店が扱う車扱いはこの下松駅から出る甲種鉄道輸送のみなのだが、情報は一切発表していないにもかかわらず、新製車両の輸送がある日は必ず沿線にカメラマンが出現するという。

「こればかりはどうすることもできないので、事故やクレーム事案が起きないことを祈るばかりなんです」

山田さんのため息から、絶えることのない苦労が忍ばれる。

広島車両所所長の中山昇さん（2019年当時）。

「日本一」の車両所

車両所所長の中山昇さんの出迎えを受け、車両所全体の概要を伺う。

ここでは機関車や貨車などの検査、修理を行っている。

すべての車両は定期的に検査を受けなければならないのだが、法令に基づく検査の中でも最も大掛かりな「全般検査」を行える施設を「車両所」と呼ぶ。JR貨物では北から順に、苗穂《なえぼ》（機関車）、輪西（室蘭＝貨車）、郡山（貨車。取材時。二〇二三年三月に廃止）、大宮（機関車）、川崎（貨車）、広島（機関車と貨車）、小倉（機関車と貨車）の七カ所があり、かつては名古屋（機関車部品と貨車）もあったが、二〇一五年に閉所している。また、この中でJR貨物の敷地内にある車両所は輪西、川崎、広島の三カ所のみで、それ以外の車両所は旅客会社の敷地にある。

川崎と広島の間、特に中京・阪神エリアに車両所がないのは、たまたまそういうことになっただけのようだが、「不便というか、〝もったいなさ〟は感じます」と山田さんは言う。

たとえば、東京から北海道に向かう貨車の全般検査を、輪西と郡山だけで行うのは無理がある。川崎は川崎で、首都圏を走っている貨車や信州向けのタンク車などを見なければならないのでキャパに空きがない。

一方、九州の貨車は小倉で検査をしているが、その間の東海道と山陽全域の貨車が広島に集まって来る。しかも、北海道と東北の車両所では捌《さば》ききれない貨車も、検査だけのために遠路広島まで送られてくる。当然のことながら検査の期限が切れた貨車は、営業車としてコンテナを載せて走ることはできない。検査のためだけの理由で東北や北海道から広島まで回送運転されてくるのだから、山田さんでなくても「もったいない」と感じてしまう。

そうした様々な要因が重なって、広島は収容規模、就労人員、予算のすべてにおいて「日本一」を誇る車両所――ということになるのだ。

全般検査と重要部検査

JR貨物では、民営化後、つまり国鉄からJR貨物に変わって以降に作られた機関車を「新形式」と呼んでいる。

国鉄時代に作られた機関車は七十二カ月に一度全般検査を受けることになっているが、新形式の機関車は九十六カ月に一度、全般検査が義務付けられている。新形式の機関車が検査のインターバルを長くとっているのは、部品の性能がよくなっているからだそうだ。

「すべての部品の寿命を検証して全般検査の期間が決められていきますが、形式が新しくなるほど部品の性能も高まるので、検査までの期間も緩和される傾向になります。たとえば、昭和時代の機関車は〝金属同士のすり合わせ〟だった箇所が、新形式では〝ゴムパッキン〟に替わっていたりする。そうした一つひとつの部品の改善の積み重ねで、機関車全体の性能も高まっているわけです」

そう話す中山さんによれば、国鉄は分割民営化の前十年ほどは新型機関車の製造を止めていたので、従来型と新形式の機関車にはかなりの技術的な差があるという。それだけ昭和の機関車は「手がかかる」ということのようだ。

一方の貨車は、最も周期の短い「車扱い貨車」で四年、コンテナ車は五年、コキ107やコキ200など一部の貨車は八年で全般検査となる（二〇二一年四月以降）。全国には現在約七千二百両の貨車が存在し、そのうち一年間で全般検査を受ける車両は千四百〜千五百両。そのおよそ五分の一にあたる約三百両が、広島車両所に来る計算だ。

機関車の全般検査では部品単位まで徹底的にバラバラにして詳細に検査するが、これとは別に、足回り（走り）に関連する箇所を中心に調べる「重要部検査」というのもあり、言ってみれば「部分検査」といったところだが、こちらは全般検査と全般検査の間に二〜三回の割合で行われる。広島車両所ではこの重要部検査も行っている。

貨車にも重要部検査にあたる検査がある。輪軸も詳細に検査する「交番検査（指定取替）」と呼ばれるもので、全般検査と全般検査の間に一回の割合で行われる。

全般検査はさすがに時間がかかる。機関車は約一カ月、貨車でも一週間を要する。

こうした検査では、廃車の見極めも行われる。貨車の荷台の底は、本来〝平ら〟ではない。荷物（コンテナ）を載せて初めて平らになる設計なので、元は〝緩いアーチ状〟になっているのだ。そこで、検査の際にそのアーチをチェックし、ふくらみがなくなっていたら廃車も近い——という判断材料になる。

コキ100というコンテナ専用貨車がある。一九八七年から製造開始され、そろそろ寿命を迎えようとしている。国鉄時代の貨車に比べるとやや短命にも思えるが、昔と違って運用効率が高まったことから「ほぼ、つねに走っている」という状況でもあることを考えると、決して短命ではないのだそうだ。

歴史ゆえの「使いにくさ」

と、ここまで偉そうに書いてきたが、すべて中山さんと山田さんに教えてもらったことだ。

中山さんは一九九四年（平成六年）にJR貨物に入社。最初は仙台の長町機関区で乗務員管理からスタートし、その後は「金太郎」ことEH500型電気機関車の開発チームに加入。以降は「車両屋」一筋の貨物人生だ。広島車両所では二〇一八年から所長を務めている。

「多少は鉄道好きでしたが、マニアというほどではありません。大学では電気を勉強していたのですが、バブルが崩壊した直後ということもあり、学校側は『メーカーに行け』と勧める。でも、北九州出身の私は製鉄会社の浮き沈みを見て育った。景気が晩飯に直結する生活は嫌だ――と考えて鉄道会社に目を向けたところ、求人があったのは東日本と北海道と貨物だけ。『いずれ九州に帰ることを考えたら貨物しかない』という消去法でJR貨物に入ったんです。だからあまり威張れない（笑）」

広島車両所の職員は、JR貨物の社員が百二十名と協力会社の社員が五十名の合計百七十名。大半が男性だ。

その職員たちがとても楽しみにしていることがあるという。

「年に一度、十月に開催する『JR貨物フェスティバル広島車両所公開』です。車両所を開放し、普段ここでどんな作業が行われているのかを地域の人たちに見てもらう催し。車両をクレーンで持ち上げたり、普段は見ることのない機関車の内部を見てもらったりする、子どもたちには大人気のイベントなんです。JR貨物の仕事の中でも、車両所というところは最も変化に乏しい仕事を任されている。それだけに気持ちの中に〝変化〟を求めている部分があるんです。だからイベントの時はすべての職員の張り切りようも大きい。みんな楽しくて仕方がないんです」（中山さん、以下同）

すでに触れた通り、車両所内の危険品庫は被爆建物だ。現在も軽油や灯油を格納する現役の油庫として利用されているが、市からの要請は「なるべくなら残してほしい」といった程度のものだという。

一番大きな建屋「第一主棟」の柱も昭和十八年に建てられたものだから、これも被爆していることになる。

「この建物は原爆が落とされた日は被災者の収容施設として使われたそうですが、車両所自体は翌日には通常作業を再開したという記録が残っています。このあたりはいまでこそ住宅や商業施設が立ち並んでいますが、当時は周囲をレンコン畑に囲まれた寂しいところだったようです」

蒸気機関車を作る工場として建てられた施設なので、車両所としての使い勝手は決してよくはない。全体に「高さ」がなく、平べったい印象を与えるのはそのためだ。

蒸気機関車専用工場から、のちに内燃（ディーゼル機関車）、そして電気機関車も扱うようになり、一九六四年から貨車の検修も始めた。

しかし、元はそうした使われ方を想定していないので、どうしても動線に無理が生じる。貨車の修理は車両所の入り口から見て一番奥の「貨車職場（第二主棟）」で行われるが、輪軸のラインは五百メートルも離れたところにあるため、貨車から外した輪軸はフォークリフトで長距離を運ばなければならない。こうした無駄な動線があちこちに点在するのだが、これは安全面からは見過ごすことができない。早急な改善が必要だという。

広島車両所では、廃車になった機関車や貨車の解体作業も行う。

日本で引退した電車が東南アジアなどに輸出されて、第二の人生を送っている様子がテレビなどで紹介されることがあるが、機関車や貨車が海外に譲渡されることはないという。

「日本の貨物列車は、機関車も貨車もコンテナもサイズが小さいんです。〝小さいけれど速く走れる〟という点が日本の貨物列車の特長なのですが、海外では〝時間はかかってもいいから大量に運びたい〟と考える。海外のお化けみたいにでかい機関車と較べると、日本の機関車はサイズも出力も小さい。アメリカなどはコンテナを上下二段積みにして走ってますからね」と山田さん。

ただ、海外の貨物輸送企業が日本の貨物鉄道に興味を持っているのも確かだ。視察団も頻繁に訪れる。山田さんが続ける。

「以前、東南アジアの会社から『タンク車を売ってほしい』と言われたんです。日本のタンク車の、サイズは小さくても最大限の容量が積める設計になっているところに感動した――というのです。何両欲しいのかと訊ねたら『三千両』という。国内のタンク車全部をかき集めても足りませんよ（笑）。そもそもタンク車はＪＲ貨物のものではなく、日本石油輸送など別会社の持ち物なんですけどね」

「走って磨かれて輝く」車輪

貨車車体置場に並ぶコンテナ貨車用の台車。

中山さんと山田さんの引率で工場見学に向かう。

第一主棟では、赤いライン入りのヘルメットを被った若い作業員がキビキビと働いているのが目に入る。聞けば、赤線入りヘルメットは訓練中の新入社員とのこと。たしかに赤線入りヘルメットのそばには必ずいぶし銀のように黒光りするベテラン作業員がいて、鋭くやさしい眼差しで見守っている。

輪軸置き場にＥＦ６６の車輪と貨車の車輪が置いてある。

「この車輪は結構な距離を走ってますね。新品だと直径があと十ミリは大きいんです」（中山さん）

鉄の車輪がそんなに摩耗するのかという驚きと、パッと見ただけでミリ単位のサイズ感がわかる中山さんの眼力への驚きで、記者の口からは「はあ……」という間の抜けた返事しか出てこない。

検査によって車輪は、「削ればまだ使えるもの」と、「もう寸法が出ない（使い物にならない）もの」とに分けられる。

光沢のない大きな車輪が置いてある。廃車になった機関車から外したのかと思ったら、EF210に取り付ける新品の車輪だという。車輪は、走って磨かれて輝きを放つ――ものなのだ。ちなみに、機関車の車輪は一度取り付けてしまえば、貨車だと走行距離にもよるが七年半くらいは使えるというから中々のエコだ。しかも、検査で削って出た鉄くずは、鉄くずの中では最高ランクの値段で引き取ってもらえるので、資産価値は低くない。もちろん廃棄する車輪も大事な売り物だ。売って得たお金はJR貨物の「売り上げ」として計上される。

日本で作られる鉄道車両の車輪は、すべて大阪のユニバーサル・スタジオ・ジャパンの近くにある日本製鉄製鋼所で作られている。つまり「シェア一〇〇%」なのだ。そこで作られた車輪は、線路の上を自分でゴロゴロ転がって広島にやって来るわけではない。越谷貨物ターミナル駅発広島貨物ターミナル駅行き第五〇六一列車に、途中の吹田貨物ターミナル駅から載せられて朝五時十四分に出発。広島貨物ターミナル駅に十一時四十三分に到着すると、広島車両所行きの入換便で十四時に車両所に到着する。つまり、車輪としてこの世に誕生すると、最初の大阪～広島間だけは貨車に載せられて「お客さん扱い」で運んでもらえるが、次にこの車両所を出る時は、上に機関車や貨車を載せた「現役車輪」としてレールの上を走ることになるのだ。

記者に前立腺検査を思い出させた機関車下の検査。

時に親子、時に兄弟

広い工場の中にも、それぞれの作業を担当するグループごとにテリトリーのようなものがあるようだ。小さい班は二人、大きいチームは十人ほどで構成されている。そのチーム構成は時に親子、時に兄弟のようで、いずれにしても「家族」のような連帯感を漂わせている。だから一つの部署の見学を終えて次の部署に移る時、自然に「お邪魔しました」という挨拶が口をついて出てしまう。

ベアリングの整備場では、ベアリングの錆を紙やすりで落とす作業が行われていた。

検査車両から取り外されたばかりのベアリングはグリースでベトベトなので、

洗浄槽に入れて油を落とす。その後エアでグリースを飛ばして研磨し、再度洗浄槽に入れて洗って仕上げる。この一連の作業を一人の作業員が行うのだ。一日あたり三両分のベアリングをキレイにするという。

キレイになったベアリングを先輩作業員が一つひとつ、丁寧に目視でチェックする。弟の宿題の面倒を見る兄貴のような微笑ましい光景だ。

機関車の検査エリアに来た。EF210の101号機が検査中だ。レールとレールの間が深い溝になったところに作業員が潜り込み、股下から足回りの検査をしている。なぜか前立腺疾患の検査を思い出してしまうのだが、これは重要部検査をした後の調整作業中とのこと。

「(この機関車は)生きているので、その気になれば動く状態です」

と中山さん。こうしたプロの鉄道マンが使う列車や車両を擬人化した表現は、かっこいいし憧れる。しかし、同じことをマニアがやると失笑を買うことになる。そのあたりをわきまえた鉄道ファンはかっこいい。

広島車両所で検査を受ける機関車は、工場までは自分で走ってきて、工場内はクレーンで移動される。

先ほどの「すでに生きている」EF210－101号機とは別に、この日は112号機が全般検査中の真っ最中で、すでに分解されていた。元は電気機関車だったはずの物体も、ここまでバラバラになってしまうと、個別に見ただけでその出自を推し量ることは難しい。

何やら箱のようなものを磨いている作業員がいた。聞けばそれは「砂箱」だという。第一章

「強盗に荒らされた」ような何もない運転席。

検査を終えたマスコン部（操作ハンドル）が取り付けられる。

でも触れたが、坂道で滑り止めの増粘着剤となる砂を線路に撒く装置だ。この砂は、ガラスの原料となる「珪砂《けいしゃ》」という砂だそうだ。

機関車の中を覗くと、中身はほぼ取り外されていて空っぽだ。そもそも屋根もなくなっている。運転席などはあらゆる計器が取り外されていて、表現は悪いが「強盗に荒らされた後」のような寒々しい雰囲気が漂う。

外から見ると前後同じに見える機関車も、実際には完全な前後対称ではない。ただ、重量配分はきちんとされており、前後の運転席を結ぶ通路もクランク状になっている。こうすることで線路にかかる重量が均等になるように設計されているのだ。

我々が空っぽの機関車内部を見ている時に、検査を終えたマスク部（運転台）が届いた。若い作業員が二人がかりで所定の位置にはめ込んでいる。

「いくよ！」

「はい！」

「せーの！」

このコンビは入社二年目と一年目。背後から写真を撮られているので恥ずかしそうだが、マスク部をはめ込んだ後、何度も繰り返し確認作業をして、我々に「失礼しました！」とお辞儀をして機関車を降りて行った。不意に接したその若々しさと礼儀正しさに、記者は不覚にも感動してしまうのだった。

機関車にはトイレがない

運転席を見学しながら山田さんと会話していて、意外なことを知ることとなった。機関車の運転席は「喫煙可」ということだ。もちろん走行中にタバコを吸うことは許されていないが、貨物列車の運転士はダイヤの都合上、長い時間を運転席で待機することが少なくない。そんな時の一服はOKとされている。だから運転席には吸い殻入れも設置されている（取材当時）。

「ただ、近年は運転士の中でも喫煙者の割合が減ってきており、運転席での喫煙については反対意見もあります」（山田さん）

たしかに記者もこれまでの添乗経験の中で、運転席でタバコを吸う運転士を見たことはない。このあたりもそう遠くない将来、ルールが変わっていくのかもしれない（二〇二〇年四月一日から施行された改正健康増進法への対応として、全機関車の吸い殻入れは撤去となった。101号機は二〇二〇年四月十七日に、112号機は同年四月一日に吸い殻入れが取り外されている）。

一方、機関車にはトイレがない。長距離の運転や待機時間の長さを考えると、トイレはあってもいいのではないかと思うし、過去には設置に向けた検討もされたこともあるそうだが、運転席を離れることについての反対意見があり、現状では設置に至っていないのだそうだ。

ただ、「小」については排尿袋で凌げるとしても、「大」のほうはどうなのだろう。記者などは子どもの頃からおなかが弱いので、そちらの不安のほうが大きい。ウォシュレットまでは望まないから、せめてトイレと紙だけは付けてあげてほしい、と思うのだが……。

機関車の隣に大きなテーブルのような箱が並んでいるので訊ねたら、機関車の床下に吊り下げる冷房装置のカバーだそうだ。その向こうには、やはり取り外されたパンタグラフも検査を待っている。機関車の上に載っている分には気が付かないが、ひとたび外されて地面に並べられると、一つひとつの巨大さに驚かされる。

それにしても、全般検査とはここまでするのか、と驚くほどの分解ぶりだ。海で泳いでいる魚を一度刺身にしてから、また元の泳げる魚に戻して海に放つような作業だ。

「だから彼らは自分たちで何でも作れちゃうんですよ。イベントで子どもたちを乗せて走らせるミニ列車の機関車や客車も彼らの〝自家製〟なんです」（山田さん）

解体、検査、修理、組立の流れの中で、最も気を遣うのは最後の組立の工程だという。

「一言でいえば〝モノ（部品）を落とさない車両にする〟ということ。車両は故障すれば止まるのでそれほど大きな問題にはなりませんが、モノを落とすと大事故につながる危険性がある。締めるべきネジを締め忘れるようなヒューマンエラーがじつは一番恐いんです」

柔和な中山さんの表情が、そう話す時に引き締まった。

憧れの〝車掌車〟の現実

機関車を降りて、再び中山さんと山田さんのあとをついて移動する。

工場内で貨車を移動させる黄色い牽引車。前後左右に動ける。

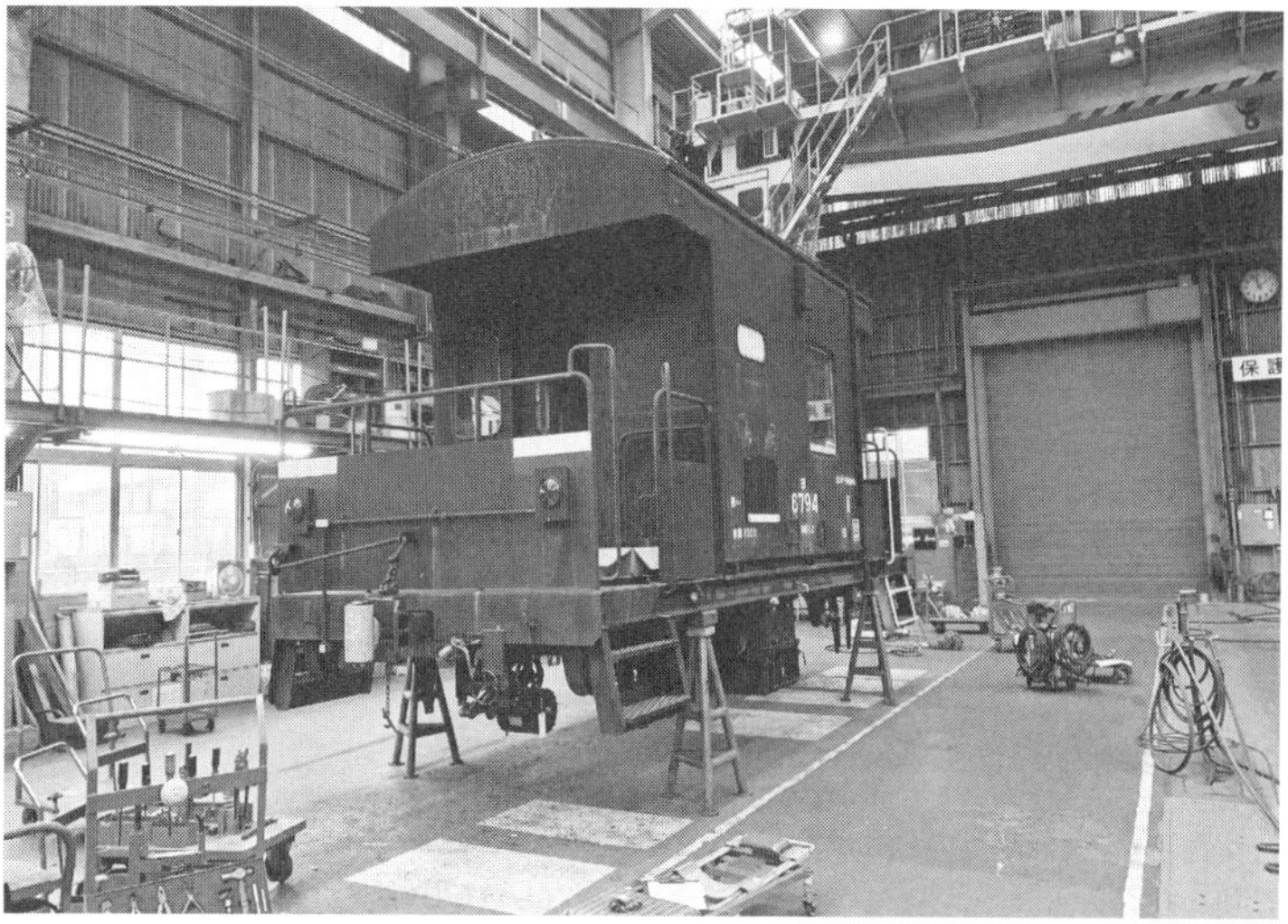

車輪を外された緩急車（車掌車）。

線路の上に、線路とは直角の向きで停まっている黄色い小さな作業車がある。工場内で貨車を移動する牽引機だ。レールの上を走る時は車輪で走り、道路を走る時はタイヤで走る両用車だ。便利なようだが、よく考えたら車両工場以外に使い道がない車だ。この工場には、こうした「ここでしか利用価値はない」という車両や機械が山ほどある。一般の人にその存在を知られることはないが、それがなければ貨物列車が安全に走ることはできないわけで、これこそまさに「縁の下の力持ち」と呼ぶにふさわしい。

〝貨車職場〟の奥では緩急車（車掌車）ヨ８０００が車輪を外された状態で全般検査中だ。昔は貨物列車の最後尾に必ずつながれていた車両だが、コンテナ輸送が主流のいま、貨物列車の大半が機関車によるワンマン運転なので、車掌車を見かける機会はほぼなくなった。それでもＪＲ貨物には約十両の緩急車がいまも現役登録されている。この８７９４号車は吹田貨物ターミナル駅に所属する二両のうちの一つだ。

「一番多い使われ方としては、新造車両を工場から発注元の鉄道会社まで送り届ける甲種輸送の際に、その列車の一番後ろに付けるケースです。新造車両を駅に留置する際などに、緩急車をつないでおけばブレーキを掛けられる。〝預かりものの荷物〟である新造車両をいじらなくて済みますから」（山田さん）

貨物列車の車掌車は、子どもの頃の記者の憧れの車両の一つだった。大好きな貨物列車の最後尾に連結されて大好きな貨物専用線を走れるだけでなく、車掌は一人でこの〝部屋〟を独占でき、デッキやトイレまで付いているのだ。考えようによっては「走るリゾートホテル」のようだ――と考えていたのだ。

当時は貨物列車の車掌の業務を知らなかったので、この車両の中でお弁当を食べたり、好きな音楽を聴きながら車窓を流れる風景を眺めたり、「どうせならお風呂も付いていたらいいな」などと〝夢のような乗務〟を想像していたのだ。子どもの考えることなので勘弁してやってください。

そんな夢の車掌車の中を見学させてもらう。

広さは記者の仕事部屋（六畳）と同じくらいだろうか。ただ、当然のことながらガランとしていて殺風景だ。もちろんお風呂はない。トイレはあるが、いまは使用不可。クーラーはないので、昨今の酷暑での乗務はつらかろう。冬に備えて石油ストーブと灯油タンクが設置されている。以前ロシアのイルクーツク郊外にある木造建築博物館で見た、昔のシベリアの民家の内部を思い出した。

「ヨ8000は非冷房ですが、走行中は風通しがいいので意外に暑くは感じないんです。ただし窓を開けていると、顔が鉄粉だらけになりますよ（笑）」

中山さんによると、車輪とレールの摩擦で生じた鉄粉が飛んでくるのだそうだ。

「編成が長いほどたくさん飛んできます」

ちなみに電気機関車は、平成以降に作られた形式には冷房はあるが、昭和の機関車は基本的にあと付け。瀬野八（第五章参照）の補機専用の旧式機関車EF67はいまも非冷房で、あと付けのクーラーも装備されていない。

若手の作業を見守るベテラン作業員。

話を車掌車に戻す。

車掌車は人が乗る車両だが、分類上は「貨車」の扱い。

旧い車両なので、入手困難な部品も少なくないという。

新形式の登場はあるのだろうか。

ベテランから若手へ「技の伝承」

「そこは滑らすと指をケガするで！」

ヨ8000のすぐ脇で作業していたベテラン作業員が、若手作業員に言葉をかける。

「車両は壊れても直せるが、体が壊れたら治せない。スピードよりも確実性が優先。それでこそいい車体を出せる。自分たちが若い頃はスパルタ教育を受けたが、いまは時代が違うから、そこが難しい

この連結器、次はどの車両に付くのだろうか……。

ね」

見学中、工場のあちこちでこうした「ベテランと若手」のやり取りを見ることができた。

ボルトとナットが外せなくなってしまい、どうしたものかと思案している若手作業員に、「いい方法があるよ」と話しかける熟練工――。そのやり取りの一つひとつに「人間の知恵と工夫」が生かされているのがよくわかる。何でもデジタルとＩＴとＡＩで片付く時代に、こうして人の手で貨車や機関車がバラバラにされて組み立てられていくのかと思うと、うれしくなる。

工場内を歩いていくと、車両から外された「連結器」が二つ置かれていた。大の大人が二人や三人かかっても持ち運べないような鉄の塊だ。

「ある車両から外した連結器が元の車両に戻ってくれば問題はないけれど、必ずしもそうなるとは限らない。外した連結器の点検修理が終わるのを待っていたのでは工程が遅れてしまうので、連結器は連結器で車両とは別に循環しているんです」

つまり、元の連結器が別の車両に行ってしまい、別の車両に付いていた連結器がここに来る——ということになる。時には、元は自分に付いていたがいまは別の車両に付いている連結器と連結することもあるだろう。

「昔付き合っていた女性とバッタリ会って、久しぶりに手をつなぐような感覚なのだろうか……」

じつにくだらない連想をしてしまった。

「連結器には〝相性〟があって、部品が一つ変わっただけでその相性がガラッと変わってしまうことも多い。そうなると微調整が必要になるのですが、これが難しい。ベテランの経験や勘が生かされる作業なんです」（中山さん）

今回の広島車両所の見学の中で、一番印象に残るシーンがあった。

塗装担当のベテランと若手のコンビが、ステンレス製の電話台を磨いていたのだ。この電話台は車両に設置されているものではない。単に工場内で使われている電話台だ。金属研磨液を塗り、専用の研磨機で磨き上げていくのだが、たまたま塗装する車両がないので、その空き時間を使って金属を磨く練習をしていたのだ。

「本物の機関車を使って練習するわけにはいかんので」

自作の工具を操るベテラン作業員。

と、ベテラン作業員。

機関車のロゴなどをキラッと輝かせる技を、電話台を使って伝承していたのだ。

他にも、MG（電動発電機）の中身をルーペで見ながら削っているベテラン作業員がいた。力の入れ方に繊細なテクニックを必要とするのだが、使っている道具は「ノコギリの刃を研いで自作したもの」だそうだ。

「一つで半年はもつ。国鉄時代に先輩が自分で作って使っているのを見て覚えたんです。最初のうちは十本作って一本使い物になればいいほうだった。〝自分の角度〟があるので、これを人にあげても使えないし、この作業にしか使う用事はない」

まさに匠の技だ。

車両所は「大きな家族」

第一主棟から第五主棟までである建屋の中はクーラーがない。夏場は四十度を超えることもあるという。冬はストーブを焚いて暖をとる。雨が降れば雨漏りするし、柱もリベット止めだ。落語の「火焔太鼓」ではないが、この工場から「歴史」を取ったら何も残らないような気がする。

それでもここで働く作業員たちは、みな和気藹々《あいあい》と楽しそうに働いている。何より驚いたのが、行く先々で中山さんが、顔もわからない遠い距離から一人ひとりの名前を間違えることなく呼ぶことだ。

同じ作業服を着て同じヘルメットを被っていると、近くで見ても部外者には見分けがつかない。なのに中山さんは、

「あそこにいるのが教育担当の◯◯さんです」

「そっちにいるのは去年入社した△△君。山口の出身です」

と、一人ひとりを確実に把握しているのだ。

車両所は「大きな家族」なんだな――と思えて、しみじみとうれしい気分に浸ることができた。

最後に、安全弁を整備している部門を訪ねた。

安全弁とは機関車の空気タンクに付いている部品の一つ。一定の圧力を超えたら噴き出して、圧力がそれ以上にならないようにする装置のこと。

いまどきの弁はゴムで気密性を保っているが、以前は金属同士で気密を保とうとしていたので、ほんのわずかな傷でも気密性が損なわれてしまう。見えない部分の傷を探して修理をするという、きわめて繊細な作業だ。

「手先の感覚を頼りに作業を進めていく。最初は苦労しましたが、経験を積むにつれて慣れてきました」と話す作業員は、作業中は考え事はせずに手先の感覚に全神経を集中させるという。見えない血管を切らないように、ミクロン単位で手術を進める肝臓外科医のようだ。

「わずかな音の違いなどもわかるようになるんです。無の境地ですね。言葉では説明しにくいけれど、感覚的なものです。感じ方は人それぞれ違うと思いますが……」

この作業員は、安全弁を「この子」と呼んでいた。ここでも記者は「機関車の擬人化」について の自らの発言を顧みて、赤面してしまうのだった。

◇

車両所の屋外に、昔「瀬野八」で補機（第五章参照）として活躍した電気機関車EF61の4号機が〝半分に切断された状態〟で保存されていた。単に半分に切っただけでなく、一つの台車の上に載るように、バランスを考えて切られている。

蒸気機関車D52の1号機は、切断されずにそのままの状態で静態保存されている。

「機関車好きの若手社員がいて、頼まれたわけでもないのにペンキを塗り直したり磨いたりと、

半分に切断され、保存されているかつての名電気機関車。

丁寧に保存されている蒸気機関車 D52 の 1 号機。

丁寧に手入れしてくれているんです」(中山さん)

真の鉄道好きとはかくあるべき——と知り、姿勢を正す。

夕闇が迫り、だいぶ暗くなってきた。

見学中は止んでいた雨が、再び音を立てて降り出してきた。

雨にけぶる車両所の佇まいは、それはそれで悪くない雰囲気だった。

(書き下ろし。二〇一九年十二月十七日取材。肩書きは当時のもの)

5

「セノハチ」貨物列車添乗ルポ

広島貨物ターミナル駅ー西条駅

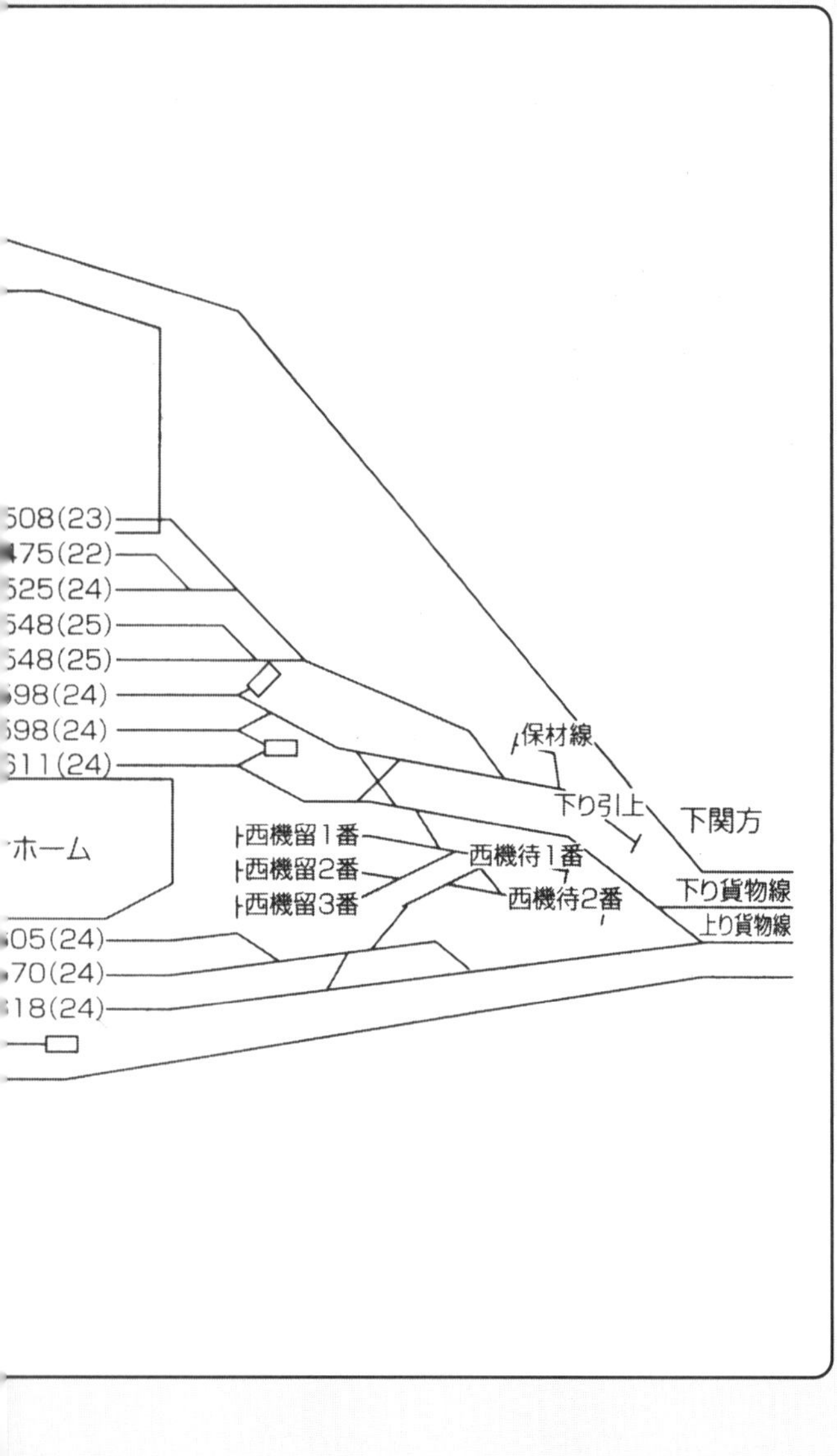

広島貨物ターミナル駅

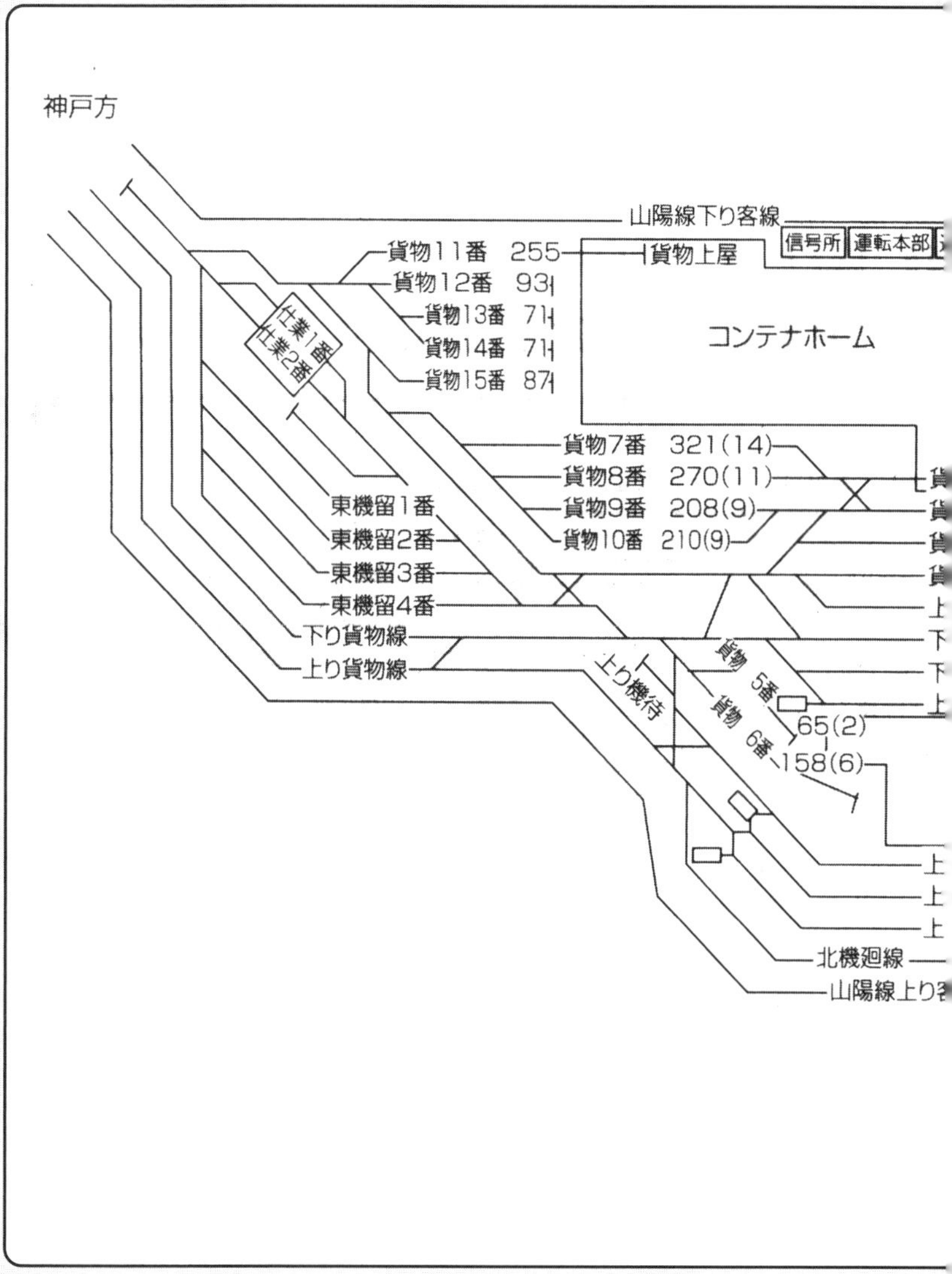

神戸方
山陽線下り客線
信号所
運転本部
貨物11番 255
貨物上屋
貨物12番 93
貨物13番 71
貨物14番 71
貨物15番 87
仕業1番
仕業2番
コンテナホーム
貨物7番 321(14)
貨物8番 270(11)
貨物9番 208(9)
貨物10番 210(9)
東機留1番
東機留2番
東機留3番
東機留4番
下り貨物線
上り貨物線
上り機待
貨物 5番
貨物 6番
65(2)
158(6)
北機廻線
山陽線上り

フィーダー輸送の拠点

広島車両所を見学した翌日の十二月十八日水曜日午前九時半、再び山田支店長を訪ねた。今日は広島貨物ターミナル駅（以下「広島タ」）を見学し、そこから山陽本線を走る貨物列車に乗って西条駅まで往復することになっている。

じつは昨夜は山田さんや広島車両所の中山所長、新南陽駅の鈴木晃一駅長と広島駅前の居酒屋で「懇親会」が繰り広げられた。宴会疲れの残る記者に対して、山田さんはキリっとしている。さすがだ。

挨拶もそこそこに山田さんの運転する車で「広島タ」に向かう。

「広島タ」は、広島駅から神戸寄りに一・六キロの地点、ちょうど新幹線から「MAZDA Zoom-Zoom スタジアム広島（マツダスタジアム）」が見えるあたりに広がる貨物専用駅。最寄りの旅客駅は山陽本線の天神川駅だ。

駅長の伊藤圭一さんが出迎えてくれた。

広島県、特に広島市を中心とする県西部の物流拠点でもある「広島タ」は、ここを通るすべての貨物列車が停車する大規模貨物専用駅。全国に向けて貨物列車を仕立て、また全国から貨物列車がやって来る。ここで下ろされた貨物は、大竹駅や新南陽駅などに向けては「各駅停車」の貨物列車に載せ替えて発送し、貨物列車の走っていない呉や島根県浜田市などには、ト

広島貨物ターミナル駅駅長の伊藤圭一さん（2019年当時）。

ラックによる集配を行っている。こうした長距離貨物列車と、中短距離の列車やトラックを組み合わせて貨物を運ぶことを「フィーダー輸送」と呼ぶ。

一九一六年（大正五年）に国鉄広島駅構内の貨物取扱及び操車場としてスタートした同駅は、一九六九年（昭和四十四年）に客貨分離の一環として、いまのマツダスタジアムのある場所に「東広島駅」を開業し、貨物取扱業務を移転する。

その後国鉄の分割民営化を経て、一九九五年（平成七年）に広島操車場跡地、つまり現在の場所に移転し、「広島貨物ターミナル駅」に改称して現在に至る。

ちなみに一九八八年（昭和六十三年）には山陽新幹線の三原〜広島間に「東広島駅」（東広島市）が開業しているので、同年から七年ほどは、県内に二つの「東

広島貨物ターミナル駅。

広島駅」が存在していたことになる。

　敷地面積は百三十六万平方メートルで、これは貨物取扱量で同規模の岡山貨物ターミナル駅よりやや小さい。貨物駅を挟むようにして山陽本線の上下線が走っているので、貨物駅をいま以上に拡大することは現実的に難しく、これが一番のネックとなっているという。

「ここで貨物の積み下ろしをする列車は下り七本、上り十七本。積み下ろしをしない列車を含めると、上下ともに三十本以上の列車がこの駅を通るのですが、運転士の交代や上り列車は補機の連結作業があるので、すべての列車が停車します」

　そう語る伊藤さんは、一九九八年（平成十年）にＪＲ貨物に入社し、浜小倉駅（北九州市）、北九州貨物ターミナル駅、梅田駅（通称「梅田貨物駅」）、百済《くだら》貨物ターミナル駅（大阪市東住吉区）、京都貨物駅に勤務し、二〇一九年（令和元年）から「広島タ」の駅長を務めている。

数字に出てこない忙しさ

「こんなに忙しい駅は初めてですよ」

と苦笑いするが、その理由はこの駅の「狭さ」だけに起因するものではなさそうだ。

同駅のコンテナ取扱量は一日あたり約千個。しかし、その中にはすでに触れた「フィーダー輸送」の分も含まれる。

「一日あたりのコンテナ取扱量で見ると〝発送〟が百六十九個、〝到着〟が二百二十七個なのに対して〝中継〟が三百四十三個もある。この中継貨物の多さがこの駅の最大の特徴なんです」（伊藤さん、以下同）

旅客に例えて説明するとこうなる。

中央線の立川駅から山手線の池袋駅まで通勤している人がいるとする。この場合、途中の新宿駅で乗り換えることになるが、この旅客の運賃は新宿駅の売り上げにはカウントされない。しかし、この客は新宿駅構内を毎日歩くので駅を劣化させる要因にはなる。トイレを使えば水道代だってかかるが、新宿駅はその費用をこの旅客に請求することはできない。これと同じことが、フィーダー輸送の中継駅では起きているのだ。

貨物はトイレこそ使わないが、自分で乗り換えができないので、中継駅のフォークリフトに移動してもらうことになる。それにかかる時間と手間と諸費用は、中継駅が負担するだけでどこに請求することもない。こうした「数字に出てこない忙しさ」が一番堪える――と伊藤さんは言う。

もう一つの「忙しさの要因」となっている「補機」についてはのちほど詳しく触れるが、広島支店管内にある山陽本線瀬野駅〜八本松駅間の急勾配、通称「瀬野八」は、先頭の機関車だけでは重い貨物列車を引っ張って登りきることが困難だ。そこで最後尾にもう一両機関車を付けて後押しするのだが、その補機をこの「広島タ」駅で連結しているのだ。

「ダイヤが乱れた時などは本当に苦労します。当駅には着発線が七本ありますが、すべてに列車を入れてしまうと補機が通れなくなる。また、たとえ発車準備が整っても、ダイヤ乱れで立て続けに補機が山を登ってしまうと補機に使う機関車が足りない、あるいは補機の運転士が足りない――ということになり、列車を出すことができなくなる。それを回避するため、あらゆることを想定しながら、限られた本数の線路で捌かなければならないので、目の回るような忙しさになるんです」

しかも、繰り返すがこの駅は狭い。広さがあれば人を増やして人海戦術で対応できるが、「広島タ」に限って言えば、マンパワーだけで解決することはないのだ。

駅本屋に近い一番線の両側と二番線の側面はアスファルト舗装しているので、トラックが列車のすぐ横まで来ることができる。しかし、コンテナヤードの広さに限界があるので、そこで

31フィートコンテナを下ろすトップリフター。

の作業はきわめて窮屈なものとなる。

ちょうどそんな話をしていたところに、「東京夕」を昨夜二十三時二十分に出てきた第六十三列車が到着した。わずか七分の停車で貨車を切り離して終着「福岡タ」に向けて出発していったが、一番線に残された貨車にフォークリフトが取り付いてコンテナを下ろす作業を始めた。

十二フィートコンテナを下ろすフォークリフトと三十一フィートコンテナを下ろすトップリフター、そしてそのコンテナを受け取るトラックが、わずかなスペースでひしめき合っている。「譲り合い」と「迅速さ」が融合して、マスゲームのような様相を呈している。フォークリフトの背後をトラックが通過する時は短くクラクションを鳴らして合図するのだが、その音が絶え間なく構内に響き渡る。まさに「雑踏」と呼ぶにふさわしい光景が繰り広げられているのだ。

「トラックもオペレーターの指示に従って動くのですが、馴れていないドライバーさんだと恐くて身動きが取れなくなるでしょうね」

「広島タ」では、二十時から二十三時にかけて、東名阪に向けた列車が増えるので一段と忙しくなる。E&S方式の荷役をしながら貨車をつなぐようなケースも増える時間帯だ。

E&S方式については第三章で述べたが、繰り返す。従来の貨物列車は、駅に着くと電気機関車からディーゼル機関車に付け替えて、「架線のない線路」に移動させてからコンテナの積み下ろしをしていた。架線の下でコンテナを持ち上げてしまうと感電の危険があるためだ。始発駅や終着駅でこの作業を行うのはまだいいが、途中駅でこれを行うと時間を取られ、列車の表定速度（停車時間も含めた平均速度）が遅くなってしまう。

そこで架線の位置を高くして、架線の下でもコンテナの積み下ろしができるようにしたのがE&Sという荷役方式だ。「広島タ」では、七本の着発線のうち二本にE&S方式が導入されている。これを導入することで貨物列車の途中駅での停車時間は飛躍的な短縮が可能になるはずなのだが、同駅ではこれが思うように機能していないという。

「E&S方式は本来、入ってきた列車の貨車を外したりつないだりすることなく、そのままコンテナを積み下ろしして出発することを想定したシステムですが、フィーダー輸送の中継駅である『広島タ』では、貨車の増結と解放、補機の連結作業があるので、結果として時間がかかってしまうんです」と山田さん。

客先から比較的早く届いたコンテナはあらかじめ貨車に積んでおいて、列車が来たら貨車ごと連結する。遅く届いたコンテナはE&S方式で積み込む。その両睨みで列車の定時運行を守らなければならない。

加えて同駅には、昨日見学した広島車両所との間で車両の出し入れ作業もある。全国から集まる機関車や貨車を車両所に送り込み、検査が終わった車両を引き取って来ると、ここで試運転をする。これなどは完全に「客先のない作業」なので、駅の売り上げに結びつくことはない。

話を聞けば聞くほど気の毒に思えてくるのだが、そんな忙しい駅だからこその楽しさややりがいはないのだろうか。伊藤さんに質問すると、熟考の末にこんな答えが返ってきた。

「いろんなことを同時に考え、いろんなことを同時に進めていく——という作業は、考えようによっては面白い仕事でもあると思います。〝貨物は連係プレー〟というのはどの貨物駅でも同じですが、『広島タ』はその醍醐味を確実に味わえますから（笑）」

一時間ほどのインタビューを終えた時、記者はただ話を聞いていただけなのにぐったりしてしまった。そして思った。「世の中にはすごい人たちがいるものだ……」と。

日本一のフォークリフトドライバー

JR貨物では年に一度、全国の貨物駅のフォークリフト操縦士の技術の高さを競う競技会を開催している。そして、その二〇一八年度のグランプリに輝いた操縦士が、この「広島タ」駅

2018年度のグランプリ操縦士、秦啓嗣朗さん。

にいるというのでお目にかかることになった。

秦啓嗣朗さんは、広島出身。フォークリフト操縦歴十五年のベテラン操縦士だ。

「普段は普通のフォークも大型コンテナを吊り下げるトップリフターも、どちらも扱います。どっちも嫌いじゃないけれど、どちらかを選べと言われたら普通のフォークリフトのほうが好きですね」

競技会は各支社で予選会を行い、勝ち上がった人が全国大会に進む。貨車からコンテナを下ろして、別のコンテナを載せる作業を行い、「かかった時間」と「精密さ」を減点方式で採点する実技試験の他、筆記試験もある。じつは秦さん、前年にも出場したが、まるで歯が立たなかったという。

「会場の路面はいつも走っている駅とは

違うし、操縦するフォークも異なる。仕方ないと言えば仕方ないのかもしれないけれど、やっぱり悔しかった（笑）。だから二回目はかなり練習しましたね」

日頃の業務中でも、少しでも曲がった向きで置かれたコンテナを見れば微調整するなど、「つねにフォークに触っている」ように心がけていたという。

技術向上にはテクニックだけでなく、こうなったらこう動く……というイメージトレーニングも重要だ。

「全国大会が近づくと、寝る間も惜しんでイメトレしてましたよ」

フィギュアスケートの選手のようなものなのだろう。

日本一のテクニックを持つ秦さんにとっても、この「広島夕」の作業は難度が高いという。

「耳では無線が伝えて来る『誰がどこを通る』という情報を把握していなければならない。そのうえで、すべての運転士が周囲を確認し合うことで安全を確保できる。しかも限られた時間内に作業を終わらせないと列車が出られんので、つねにピリピリしとかんといけんのです」

ダイヤが乱れている時の緊張感は半端ではない。

「列車が遅れて来た時は、作業時間も短くなるのでプレッシャーも大きくなる。本来載せるべき列車に載せられないまま発車していくと、ホーム上のコンテナが増えていくので、さらに操作がしづらくなる。まさに悪循環です」

事実、「広島夕」ならではの忙しさと作業の難しさに付いていけずに、辞めてしまう操縦士も一定数いるという。それだけ厳しい職場なのだ。

「忙しい時ほど『落ち着いて操縦しよう』と呼び掛けているし、自分自身も心がけています。焦ってミスを起こしたりしたら、さらにダイヤの乱れを大きくしてしまう。気持ちは焦っていても、それでも意識的に落ち着いた作業を心がけ、一つひとつの操作を丁寧に、確実に進めていくしかないんです」

以前隅田川駅のフォークの操縦士に話を聞いた時、「夜の貨物駅の光景が好きだ」と話していたのを思い出した。秦さんはどうか訊ねてみた。

「どうでしょう……（苦笑）。やっぱり夜は見づらいですからね。特に夜は休憩を取れずに朝までフォークに乗りっぱなしになることもあるので、業務を終えるとヘトヘトです」

最後に「広島タ」の作業の楽しさを訊いてみた。

「ここは全国の中継駅なので、いろんな荷物を動かせるという点は面白いですね。コンテナの中身はパソコンを見ればわかりますが、フォークで持ち上げてみると、重さや傾き方、中身の動き方（特に液体）などで見当がつくこともある。しかも物量があるので、それらを間違いなく捌ききった時の達成感は大きい」

「広島タ」のフォークリフトの操縦士は二十〜五十七歳と年代に幅がある。その中心的立場にある秦さんにかかる期待は大きいが、「意見を出し合える雰囲気なので、環境はいいですよ。今後は若手の育成に力を入れていきたい」と抱負を語ってくれた。

〝営業面の司令塔〟営業フロント。

営業面の司令塔

「営業フロント」という部署を訪ねる。

ここは旅客会社で言えば「みどりの窓口」のようなところ。荷主さんの希望に合うように載せられる列車を探し、積載する貨車のスペースを確保していく。

「貨物駅において〝営業面の司令塔〟のような役割を担っています。載せる列車が決まったら、フォークリフトに『このコンテナをこの列車の何両目に載せてほしい』とか、コンテナが載った貨車の入換を指示します」（伊藤さん）

ここのスタッフはつねに事務所にいるわけではない。積み付け検査といって、貨車が正しく積まれているか、固定されているか、扉の鍵は閉まっているかをチ

事務所の一角に吊り下げられた工具類。

エックする作業も担当している。これは隅田川駅でも見学したが、大変な作業だ。貨物駅では傘をさすことができないので、雨の日は雨合羽を着て列車を先頭から最後尾まで一両一両確認して歩く。悪天候の日ばかりでなく、最近の夏は日本中が酷暑になるので、本当につらい作業だと思う。

オフィスの一角に、懐中電灯やハンマー、スパナなどの工具がぶら下がっていた。これは積み付け作業をする時の必需品だ。

中に〝マイナスドライバー〟を長くしたような、見たことのない工具がある。

「積み付け検査道具といって、コンテナの扉がきちんと閉まっているか、施錠されているか、また貨車の上でコンテナに〝浮き〟がないかを確認する時に使いま

〝運転業務の司令塔〟信号扱い所。

す。積み付け検査以外でこれを使う場面は……あまり考えられないですね（笑）」（伊藤さん）

こうした工具類をうっかり貨車の上に置き忘れたりすると、線路上に落ちて事故を招くことになるので、気を緩めることができないという。記者などは取材に行くたびにペンや名刺入れを忘れて来ることの繰り返しなので、こういう仕事はできないのだろうな、と寂しく思うのだった。

もし列車が遅れたら……信号扱い所の修羅場

「広島タ」の取材の最後は、「信号扱い所」を訪ねた。

「さっき立ち寄った営業フロントが〝営業面の司令塔〟なら、信号扱い所はまさ

社員が見つめるパソコン画面。

しく〝運転業務の司令塔〟です」と語る伊藤さんによると、先ほどから繰り返し聞いてきた「ダイヤが乱れた時の混乱」が最も影響するのがこの部署なのだそうだ。

　そんな説明を聞いていたので、記者は校了間際の雑誌の編集部のように、殺気立つ大勢の職員が声を荒らげて怒鳴り合っているような部署をイメージしたのだが、行ってみると静かな部屋で、二人のスタッフが黙ってパソコンを見つめていたので拍子抜けする。

「今日はダイヤ通りに列車が走っているので静かです」

　そう語る伊藤さんの声も落ち着いている。

　駅構内のすべての列車の運行管理を一手に引き受ける部署。通常は三人勤務で、現在一人は休憩中。勤務中のうち一人は貨車の入換作業を、もう一人は補機への指令を含む列車全体のコントロールを行っている。

駅に進入してくる列車の順番は決まっており、その順序はすでに入力してあるので、時間が来るとその列車が進むべき線路が空き、列車は信号に従って進めば、自動的に予定された線路に行き着くことができる。現在がまさにその状況で、すべての列車が何の問題もなくそれぞれの進むべき線路を走っているので、二人のスタッフは殺気立つこともなければ、大声で怒鳴ることもない（ダイヤが乱れてもこの人たちが怒鳴ることはないのだが）。

ところが、列車に遅れが生じて、駅に入る順番が変わってくると、部屋の様相は一変する（らしい）。

「変更された列車情報をすべて入力し直さなければならなくなるので、ダイヤの乱れが大きくなればなるほど忙しくなるし、精神的に追い詰められることになるのです」

スタッフの一人、城市修太朗さん（若いほう）に質問をしてみた。

「パニックになることはありますか」

「ありますね。ダイヤも僕の頭の中もかなり混乱しますから」

「そんな時はどうやって落ち着きを取り戻すのですか」

「落ち着く暇もないまま時間が過ぎていきます（笑）。とにかくみんなで協力し合って、ミスが起きないように進めていくだけです」

ここでは入換中の貨車の状況は把握できるが、荷役、つまり貨車へのコンテナの積み下ろしの状況はわからない。だから発車時刻が近づいているのに積み込み作業が終わらないとヤキモキするという。ただ、信号扱い所がどんなにヤキモキしたところで、積み込み作業が早く進むというものでもない。ここのスタッフは不安と心配に圧し潰されそうになりながら、積み込み作業終了の連絡を祈る気持ちで待つしかないのだ。

貨物列車を本線に送り出す時は、旅客列車のダイヤも意識しなければならない。どうしても積み込み作業が間に合わない時は、本来は後を走るはずの旅客列車を先に通して、そのあとから貨物列車を出すこともある。しかし、話はそれだけでは済まないのだ。

「後続の貨物列車が近づいていると、線路を空けなければならないんです。空いている他の線路に入れてしまうと、準備していたコンテナを載せられなくなってしまう。また上り列車には補機をつながなければならないので、さらに混乱に拍車がかかります。加えて当駅と広島駅の間には踏切もあるので、上り列車が長時間待たされると〝開かずの踏切〟になってしまう。もし広島駅の構内で貨物列車が待つことにでもなれば、山陽本線だけでなく、呉線や可部線など、接続する路線のダイヤにも影響が及んでしまう。そうしたあらゆる問題を一手に背負うことになるので、心が折れそうになることはありますよ」（城市さん）

さっき伊藤さんの話を聞いていて感じた疲労が、またぶり返してきた。

伊藤さんの話によると、夏場は雨や台風の影響で、毎日何かしらのダイヤの乱れが起きるという。そして一日の勤務が終わる頃には、みんな確実にげっそりしているという。

城市さんが凝視するモニターの上に、何枚かの札が刺さっている。白い札が遅れの出ている列車で、赤ペンで書かれている数字は「遅れの時刻」だそうだ。

この日で言えば第一〇五一列車（「東京タ」発「福岡タ」行き）は、本来ならここ「広島タ」に十二時十五分に到着し、同二十六分に出発することになっていたのだが、遅れたことで十二時四十四分に到着し、同五十四分発車に変更されていることがわかる。

「あの、ストレスには強いほうですか？」

我ながら馬鹿な質問をしたものだと思ったが、城市さんは笑顔で答えた。

「大丈夫です！」

よかった……。心から安堵して、記者は信号扱い所を辞したのだった。

〝途中下車〟できない貨物は……

その後、駅構内の社員食堂で昼食のうどんを食べながら、山田さんに色々と教えてもらった。

「たとえば『福岡タ』から『東京タ』に行く二十六両編成の貨物列車なら、先頭から二十一両目までは東京まで行くコンテナ、二十二～二十六両目は吹田貨物ターミナル駅（以下『吹田タ』）で下ろすコンテナ、といった割り振りが列車ごとに決まっているんです。しかし、突発的に『吹田タ』で下ろす貨物をどうしても十両目に出た空きスペースに載せたい、ということもある。そんな時は、営業フロントが〝指令〟に連絡し、〝指令〟は『吹田タ』駅に『それでもいいか』と訊ねます。そして吹田の返事が『ＯＫ』なら載せる――ということになります」

「そういうやり取りは、実際に貨物を載せる日の何日前までに済ますものなのですか」

「それが、列車が走る当日でも普通にやっているんです」

たとえば東京から新幹線に乗って新大阪に行く時など、隣の席の客が名古屋で降りたと思ったら、入れ替わりで別の客が乗ってきてその席に座る——ということがよくある。これと同じことが、自分では動くことのできないコンテナに対して、貨物列車を使って行われている。そして、その手配を貨物駅の営業フロントが一手に引き受けているのだ。

知らなかった……。

「『福岡タ』から『大阪タ』に送る貨物なら、『大阪タ』行きの列車に載せるのが理想的です。ただ、どうしても『大阪タ』行きに空きがない時は、『東京タ』行きの列車に載せて、大阪付近の駅で〝途中下車〟をさせることになります。ところが、駅の事情などで途中下車ができないこともある。そんな時は、大阪を通り過ぎて一旦東京あたりの駅まで運び、あらためて大阪方面行きの列車に載せ替えて戻って来るケースもなくはない」

他にも、たとえば広島から仙台に送るコンテナであれば、普通なら広島→東京→仙台、というルートを辿るところだが、列車のやり繰りが付かないと、広島→（日本海側）→青森→（太平洋側）→仙台、という経路を辿ることもあるという。そして、どんなに遠回りしたところで、運賃は最短距離で計算されるのだそうだ。

記者はまだ、貨物列車について知らないことが多過ぎる。もっと勉強しなければ。

でも、こんな勉強なら楽しいだろうな……。

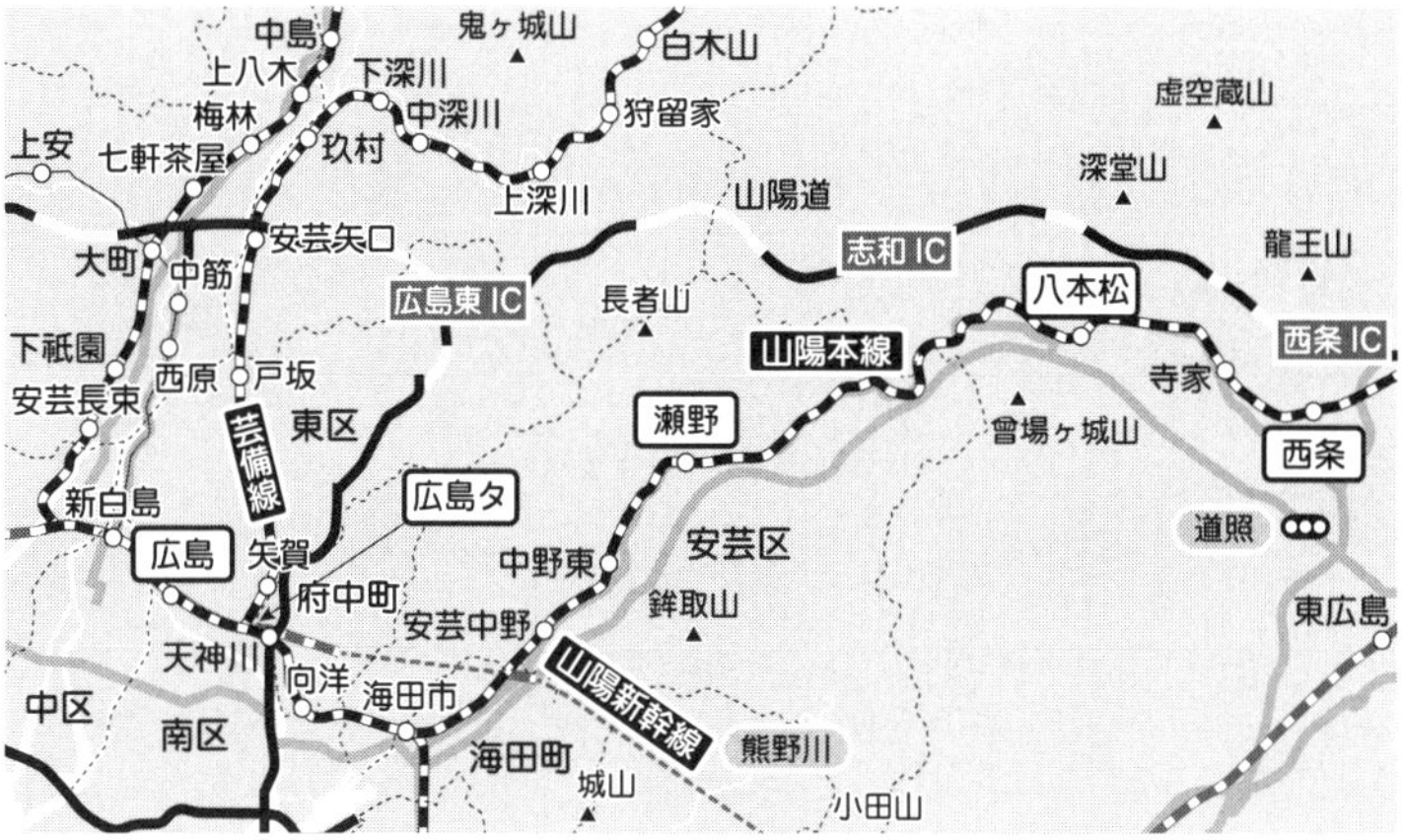

「瀬野八」周辺図。

鉄道マンにとっての〝難所〟はマニアにとっての〝名所〟

「急坂を登ってみませんか」

と誘われた。

「そりゃいいですね」

と答えた。

記者は普段、坂を登ることは好まない。道路に限って
道路も人生も、平坦なほうがいい。道路に限って言えば、下り坂だとなおうれしい。


でも今回は、喜び勇んで坂道を登りに出かけた。それも遠路広島まで、急坂を登りにやって来たのだ。その目的は、JR山陽本線・瀬野～八本松間にある急坂を登って下ることだ。「広島タ」から西条駅までの三十・二キロを往復するのだ。

広島駅から山陽本線上り普通列車で七つ目（神戸方）の八本松駅は山陽本線の駅の中で最も標高の高

記者が添乗する「補機」。こちらから見て左側の標識灯だけが点いている。

い場所にあり、一つ広島寄りの瀬野駅からは二十二・六パーミル（一キロ進むと二十二・六メートル標高が上がる）という急勾配が続く。動力を持たない貨車を電気機関車が引っ張って上り下りする鉄道路線としては国内最大クラスの傾斜なのだ。

　蒸気機関車の時代から「瀬野八」と呼ばれてきたこの区間は、鉄道マンにとっての〝難所〟、鉄道マニアにとっては〝名所〟とされてきた。

　何しろこの急坂は、機関車が引っ張るだけでは登れない。そこで列車の最後尾に「補機」という機関車を連結して、後押しをすることでようやく乗り越えてきたのだ。

　これは時代が移り、蒸気機関車から電気機関車になってからも変わらない。広島から岡山方面に向かう貨物列車の後ろには「補機」が付き、前と後ろで協調運転をすることで、この坂道を越えていく。

今回はこの「補機」のほうに乗せてもらうことになっている。

九州と首都圏を結ぶ物流の大動脈

午後一時半。マツダスタジアムのレフトスタンド後方に広がる「広島タ」の上り五番線に、山田哲也支店長と並んで立つ記者は、西の方角を眺めていた。

十三時三十九分、ＥＦ２１０形式電気機関車（愛称：桃太郎）を先頭に十五両編成の貨物列車が入線してきた。

この列車はこの日の早朝六時十六分に「福岡タ」を出発し、鹿児島本線、山陽本線、東海道本線、武蔵野線、高崎線を通って、明日の午前十時四十八分に到着する群馬県の倉賀野駅（高崎駅の一つ東京寄りの駅）を終点とする第一〇五六列車。九州と首都圏を結ぶ日本の物流の大動脈を、一昼夜をかけて走り続ける高速貨物列車なのだ。

この列車にとって、ここ「広島タ」は途中駅だ。列車が到着するやいなや数多くのフォークリフトが貨車に取り付き、コンテナを下ろし、また積んでいく。そのキビキビと動く姿は壮観で、見ていて惚れ惚れする。

列車の最後部の貨車には、そこが最後尾であることを示す「後部標識」という赤い円盤が二

列車の終端部であることを示す「後部標識」。

つ取り付けられている。しかしこの駅からは、この後ろにもう一両、電気機関車がつながるのだ。

◇

門司方の機待線（機関車の留置線）から、青いスマートな顔立ちのＥＦ２１０形式（３００番台）がゆっくりと近づいてきた。

ＥＦ２１０の中で「補機」として使用できるのは瀬野八の補機として開発されたこの３００番台のみなのだ。

前照灯の横にある赤い標識灯が、右側（こちらから見て左側）だけ点いている（１６４ページ写真参照）。これは「入換作業中」を意味するのだが、〝泣きぼくろ〟のようにも見える。

列車最後部の貨車に連結すると、すぐに前照灯も標識灯も消えた。

新しいEF210の運転席。

居住性に優れた運転室

早速補機の運転室に乗り込む。運転士の坂林大輔さんと、指導係の加川尚さんが出迎えてくれた。山田支店長を含む四人が乗っていても狭くは感じない。

第二章で新鶴見から東京貨物ターミナル駅まで乗った機関車はＥＦ６５という昭和の機関車だった。これは筆者が大好きな機関車なのだが、運転室は狭かった。

それに比べて今回のＥＦ２１０は、新しいだけあって居住性にも優れている。

山田さんと坂林運転士の間で添乗報告が交わされた。

「(敬礼！) 運転状況異常ありません。車両状態良好です。注意事項、帰りの〝単五九九列車〟が八本松駅～瀬野駅間で下り本線六十五キロの徐行があります。よろしくお願いします」

「はい、よろしくお願いします（敬礼！）」

怠惰な生活を送っている記者などは、こうして統率のとれたやり取りに接するとピリッとして気分が高揚する。関係ないのに敬礼したくなったりする。

運転室内に無線連絡が入る。本線上を走る別の旅客電車に車両異常を知らせる事案が発生し、対応中という。貨物列車も本線に出れば旅客電車と同じ線路を使うので、状況次第ではこちらにも影響が出る。

無線の通信に湧き上がる感動

他にもどこかで別の機関車が何かのテストをしているらしく、

「△△良好です」

「△△了解です」

といったやり取りも流れてくる。

ああ、いま機関車に乗っているんだな、という感動が「じゅわっ」と湧き上がってくる。

「今日は目の前の貨車にコンテナが載っていないから見通しがいいですね」

と山田さん。

言われて気が付いた。目の前、つまり本来の最後部である貨車にはコンテナが載っていない。

運転室から見た前方の風景。

貨車一両に十二フィートコンテナを五つ載せられるのだが、目の前の一両だけが丸々空いているのだ。この先の駅から積み込まれるのかもしれないが、とりあえず記者が添乗する区間だけはコンテナがないほうがありがたい。喜びかけたところで山田さんが言った。

「営業的には貨物を積んで走りたいのですが……」

うっかり喜ばなくてよかった。あわてて残念そうな表情をつくってみる。

先ほどの旅客電車の車両異常の件は乗客が誤って緊急ボタンを押したことが原因と判明し、二分遅れで出発したという。大きな影響はなさそうだ。

晴天である。遥か前方に緑の丘陵が連なっている。これからあれを踏破するのか、と思うと心が引き締まる。乗っているだけのくせして「頑張るぞ」、という気分になる。

運転士が確認作業を始めた。これが始まると発車が近いことは、過去の添乗経験で知っている。緊張感はＭＡＸだ。

先頭の機関車（これを「本務機」と呼ぶ）の運転士から連絡が来た。

「一〇五六列車の補機さん。発車します。どうぞ」

「一〇五六補機。発車了解しました。どうぞ」

遥か前方で「ピヨーッ！」と汽笛が鳴った。

それに呼応して、今度はわが機関車が「ホヨーッ！」と汽笛を鳴らした。

「瀬野八」に挑む貨物列車の出発は、「汽笛二声」なのだ。

十四時四十四分三十秒。定刻通り「広島タ」を発車した。

普段乗れない貨物線を走行

広いターミナルの中をゆっくり走っていくわが列車。ポイントを渡るたびに前方の貨車たちが左右にくねるように動く。竹製の「へびのおもちゃ」のようだ。

「広島タ」を出発した貨物列車は、三つ先の海田市駅までは貨物線を走る。四本ある線路のうち、両端の線路が山陽本線、中央の二本が貨物線、という割り振りだが、四本とも線路の所有者はＪＲ西日本だ。海田市駅は山陽本線と呉線の分岐駅で、呉線の電車は広島駅まで乗り入れ

両端が山陽本線、中央が貨物線という〝贅沢な線路〟。

る。そのため海田市駅〜広島駅間は山陽本線と呉線の双方の電車が走ることになり、ダイヤも過密化する。そこを貨物列車も走らせるのは避けるべきだろう、という国鉄時代の判断で、旅客列車から独立した貨物専用の線路が敷かれたのだ。

山田さんはそのことを説明してくれる時、こんな表現を使った。

「昔の〝贅沢な線路の使い方〟の名残ですよ」

徐々に速度を上げながら海田市駅を通過し、左にカーブを切る。

すぐに貨物列車とすれ違った。昨日の十六時十七分に札幌貨物ターミナル駅を出て、青函トンネルをくぐって本州に渡り、東北本線、東海道本線、山陽本線と、遠路走り続けてきた第八〇五九列車だ。行き先はいま我々が出てきた「広島タ」。

二十三時間近くをかけて走ってきた彼は、あと五分ほどで終点に到着する。規定投球回数を投げ終えてベンチに下がる先発投手のような佇まいだ。「お疲れさま！」と言いたくなる。

安芸中野駅を通過して十四時五十六分。今度は坂を下ってきた単機（貨車を牽いていない）電気機関車とすれ違う。我々と同じように上り坂を後押しした後、西条駅から回送で引き返してきたところだ。中継ぎで登板し、ピンチを切り抜けてベンチに下がる投手のようだ。「次も頼むぞ！」と声をかけたくなる。

それにしても、目の前の貨車にコンテナが載っていないことが、いかにラッキーであるかを痛感する。もしここにコンテナが載っていたら前面展望は完全に塞がれてしまう。記者も面白くないし、運転士とてつまらなかろう。

本格的な上り坂へ――補機本来の業務開始

中野東という駅を過ぎたところで、当方の運転士が本務機の運転士に連絡を入れる。

「一〇五六本務機さん、こちら補機です。補機、列車状態、異常ありません。どうぞ」

「こちら一〇五六本務機です。補機さん異常なし了解しました」

この日のこの列車の本務機には、岡山機関区の運転士が乗務している。一つの列車に二つの別の機関区の運転士が乗り込んでいるわけで、たぶんこれは全国的に見ても珍しい状況なのではないかと思う。

十五時〇〇分。瀬野駅を通過。ここからいよいよ本格的な上り坂になる。風景もそれまでの「住宅地」から「山間」に変貌する。深い緑のところどころに、まだ紅葉が残っている。

本務機から連絡が入る。

「一〇五六列車補機さん。こちら本務機です。十一ノッチでお願いします。どうぞ」

「一〇五六列車補機です。十一ノッチ了解しました」

詳しいことはわからないが、十一ノッチにしたようだ。

「一〇五六列車本務機さん。補機十一ノッチ投入しました。どうぞ」

「こちら一〇五六列車本務機です。補機十一ノッチ、了解しました」

あとで聞いて知ったのだが、ここまで補機は、貨車と一緒に引っ張られていただけだったのだ。瀬野駅を過ぎて十一ノッチに入れたことで「力行」となり、「後ろから押す」という補機本来の業務が始まったのだ。

上り線には架線が二本

明らかに勾配がきつくなった。二十二・六パーミルの迫力を実感するが、列車は時速五十キロで走り続けている。

山田さんが教えてくれたのだが、反対側の下り線は架線が一本なのに、我々が走っている上

上り線には架線が２本ある。

り線のそれは二本ある。機関車が二両で走るため、電力を多く使うのでそういうことになっているという。鉄道が急坂を登るためには、色々と特別な設備が必要なのだ。

山道なのでトンネルも多い。トンネルに入って気付いたのだが、補機は前照灯を点けない。前方を照らす必要がないから点灯しなくていいのだ。したがってトンネルに入ると真っ暗になる。これも補機ならではの体験だ、と思うと真っ暗がうれしく感じられる。

ちなみに補機の運転士は、前方確認どころか信号機の確認もする必要がない。確認したところで、補機が信号機の前を通る頃にはすべて「赤」を灯しているはずなので、確認する意味がないのだ。補機の運転士の目は、終始計器類を凝視し続ける。

「紙」が載っている列車は重い

連結器を通して「ギシギシ」という感覚が伝わってくる。十五両の貨車と先頭の本務機の重量をしんがりで支え、押している、という特殊な状況を、この「ギシギシ」が伝えてくれる。

言い換えれば、この「ギシギシ」がなければ、重たい貨物列車を後ろから押している感覚はないかもしれない。もちろん運転士にはその重量感が伝わっているはずだが、助士席に座る身には、機関車が高性能で居住性がいいだけに、その感覚がわかりにくい。少しでも苦労を分かち合いたいとは思うのだが、なにぶん鈍感な人間なので伝わってこないのだ。機関車と運転士にばかり面倒を押し付けているようで申し訳ない。

ただ、これもあとで教えてもらったのだが、この日の一〇五六列車は「軽かった」とのこと。貨物列車の運転士は、基本的に「今日の荷物」について情報を持っていない。乗務前に調べればわかるそうだが、そこまでする必要もない。

ただ、広島支店の主力貨物に「紙」があり、これが載っている列車は重いという。乗務を終えてから、指導係の加川さんが話してくれた。

「本当に重い時は、ノッチを入れても簡単には動き出してくれない。それに比べれば今日なんて軽々としたものです（笑）」

マラソンのゴールのような八本松の赤い跨線橋。

「ノッチオフお願いします。どうぞ」


十五時十一分、本務機から連絡。

「一〇五六列車補機さん。ノッチオフお願いします。どうぞ」

「一〇五六列車補機です。ノッチオフ了解しました」

急勾配の区間を乗り越えたようだ。

運転士が何やら操作をし、「ヨシ！」と喚呼する。

「一〇五六列車本務機さん。こちら補機です。ノッチオフ完了しました。どうぞ」

「こちら一〇五六本務機です。補機さんノッチオフ完了、了解しました。ありがとうございました」

補機としての役目を無事に終えたわが

機関車は、再び「引っ張られる身」となった。

十五時十三分。八本松駅を通過。ここが頂上だ。駅の先に線路をまたぐように赤い橋が架かっている。マラソンの完走を寿ぐゴールアーチのようにも見える。

視界が開けて下り坂になる。時速は六十五キロに上昇。溜まったストレスを一気に解消するかのように快走する一〇五六列車。心なしか前方のコンテナたちの揺れ方も楽しそうだ。先ほどまでと違って「脱力感」に満たされている。

登りきって連結を外す

十五時十九分。八本松の二つ先の駅、西条駅の三番線に到着。

二〇〇二年までは八本松駅手前で列車を停めることなく、走りながら補機を解放するということも行われていた時代があったが、さすがにいまはちゃんと停まる。

停車すると本務機から連絡が入った。

「一〇五六列車の補機さん。停車しました。どうぞ」

「一〇五六補機、停車了解しました」

駅のホームの詰め所から一人の作業員が現れて、運転士が「停車オーライです」と伝えると我々の乗っている機関車と目の前の貨車の連結を外す作業に取り掛かる。

運転台に女性の録音音声が流れる。

補機の自動連結器を解放する作業が始まる。

「補機自連解放しました」。

「列車選択スイッチ速度設定を確認してください」

「保安装置を確認してください」

そしてわが機関車の運転士が本務機運転士に呼び掛ける。

「一〇五六列車本務機さん。補機自連（自動連結器のこと）解放しました。お世話になりました」

「こちら一〇五六列車本務機です。自連解放了解しました。どうもお世話になりました」

あとで聞いたのだが、基本的に補機の運転士は、本務機の運転士が誰なのかを知らない。でも、同じ広島機関区の運転士であれば、無線を通した声で誰だかわかることがあるという。

そんな時は通信の最後に、

「この先も気を付けて行ってきてください」

と付け加えたり、相手が補機なら、

「気を付けてお帰りください」

と返礼したりすることもあるという。

本来、事実関係の指示や確認にのみ用いられる鉄道無線で、ほんの一言とはいえ、こうした人間味の感じられる会話がやり取りされていることを知り、何だかうれしくなる記者は、関係者から見ればやはり不審者だ。だからそんな思いは、口にしないでここに書く。

連結を解放してくれた作業員に窓から顔を出して挨拶。

「ポウッ！」遠ざかる本務機

わが機関車が少しバックする形で列車と離れる。この瞬間、この機関車は第一〇五六列車ではなくなった。

ほどなく遠くで「ポウッ！」と汽笛が鳴ると、一〇五六列車は出発し、見る見る遠ざかっていった。

わが補機の運転士は、窓から顔を出し、連結解放をしてくれた作業員に「お世話になりました！」と声をかける。投球練習を終えてマウンドに向かう直前、帽子を取ってブルペンキャッチャーにお辞儀をする救援投手のようだ。

我々四人は、機関車の中を歩いて反対側の運転台に移動した。

さあ、あとは坂を下って帰るだけだ。

来た時と同様、進行方向左側の運転席に運転士の坂林さんが座り、その後ろに指導係の加川さんが立つ。進行方向右側の助士席に記者が座り、その後ろに山田さんが立つ。

本来記者ごときが座るのは申し訳ないような上等席である。「せめて帰りだけでもどうぞ」と山田さんに席を譲ろうとしたのだが、「そういうわけにはいきません」と断られてしまった。恐縮しながら再び助士席に座る。

西条駅長と運転士の間で無線機テストのやり取りがあり、それが終わると運転台は静寂に包まれる。完全な無音に支配された。

◇

「単五九九列車」に列車番号を変えたこの機関車は、いま来た道を通って広島貨物ターミナル駅に戻っていく。出発は十五時四十分。発車まで十五分以上ある。

我々四人はその間を、ほぼ会話をすることなく、無言で過ごした。

普通、近くに人がいるのに会話をしないのはストレスを伴うものだ。無理にでも話題を見つけて話しかけたほうがいいような気もする。しかし、記者は会話をしなかった。その静寂を心行くまで楽しんでいた。

文豪内田百閒は、名著『第二阿房列車』（旺文社文庫）に収載された「雪中新潟阿房列車」の中で、こう記している。

〈少し早目に乗り込んでゐて、さうして発車を待つ。なんにもする事はない。その間の時間が実にいい。神聖な空白である〉

百閒先生は一等車があれば一等車に乗り、一等車がつながれていない時は仕方なく二等車に乗る偉い人だ。そこで「神聖な空白」を楽しんでいたわけだが、記者は一等車より遥かに上等な「貨物列車の機関車の運転席」で「神聖な空白」を楽しんでいるのである。「実にいい」にも拍車がかかる。

普通の電車の運転席よりも一段高い位置にある電気機関車の運転席から眺める見晴らしは絶景だ。しかも、これから楽しい貨物列車の旅が始まるのだ。そんなひと時が、楽しくないはずがない。

記者のように「事情があって乗務員室に添乗させてもらっている者」は、走行中に運転士に話しかけることが許されていない。いまは停車中だが、いつ無線で指示が流れてくるかもわからない中で話しかけるのは憚られる。そもそも記者は貨物列車の機関車の運転席に乗れるだけで幸せなので、何時間でもおとなしくしていられる。何の問題もない。

このあとも記事の中で乗務員のコメントが出てくるが、いずれも乗務を終えて機関区に戻ってからインタビューした話を挿入したものだ。

待ち時間も切らさない集中力

それにしても、のどかな午後である。前方の分岐器の上に一羽のカラスが止まった。いまポイントが動けばカラスの足が挟まって逃げられなくなるだろうな。そうなるとこの機関車はカラスを踏み越えて行かなければならないのかな。でも、きっとそんな惨劇は起きないのだろうな。

などといったことを考えて過ごした。

もちろん、乗務員はそんな呑気なことを言ってもいられない。ホームや線路際から見ている人もいるので、あくびでもしようものならご意見を頂戴する恐れもある。

彼らのスケジュールは日によって異なる。本務機に乗務する日もあれば、補機の乗務を繰り返す日もある。多い時には一回の勤務で休憩や夜勤を挟みながら「瀬野八」を五往復することもあるという。

夜は比較的すぐに折り返せるダイヤ設定になっているが、日中はそこそこの長さの待ち時間があるので、集中力を切らさないようにするのに苦労するという。

十五時三十五分。下り普通電車岩国行きが出発していった。次は我々の番だ。

「発車！」「進行！」一人ぽっちで走り始める

運転席に、それまでの静寂を打ち破る女性のアナウンスが流れた。

「まもなく発車時刻です。時刻表、信号現示、ATS電源を確認してください」

運転士による各種点検があり、十五時四十分、前方の信号機が「青」を灯した。

運転士が前方を指差し、声を上げた。

「発車！」

「出発進行！」

わが単五九九列車は、一両の貨車を伴うこともなく、一人ぽっちで山陽本線下り線を走り始めた。

じつは西条駅の先（神戸方）には引き上げ線があり、機関車を留め置くことができる。以前は広島方から押してきた補機をそこに留置しておき、数両が溜まったらそれらを連結し、まとめて広島貨物ターミナル駅へと回送する形をとっていたこともある。

しかし、西条で待っている間、運転士はすることもない。貴重な労働力が無駄になるので、いまでは西条に着いた補機は、各自単機で折り返すようになったのだという。そのため、広島貨物ターミナルと西条の間で山陽本線の線路を眺めていると、高い頻度で単行の電気機関車を見ることができる。

視界も広く、軽快に走る

帰りは前に貨車がないので視界も一層広くなった。

西条の一つ門司方にある寺家《じけ》という駅を過ぎると、次の八本松駅に向けてなだらかな上り坂になる。八本松が山陽本線の標高最高地点だから当然なのだが、同じ上りでも、十五両の貨車を押していた往路とは違い、帰りは手ぶらだから軽快だ。本馬場で返し馬に入った競走馬のよ

「瀬野八」下りのトンネル入り口。

うにいきいきと走っている。普段は鬱々としている記者までいきいきとしてくる。

八本松の赤いアーチ橋をくぐり、駅を過ぎたところに「三反田」という踏切がある。ここから次の瀬野駅までの約十キロが「瀬野八」の下り坂だ。並んで走っていた上下線の間に間隔ができ、それが次第に広がっていくとトンネルに入る。開通した当初は単線で、あとから複線になった路線は、トンネルが上下線で分かれることが多い。

前に東京港トンネルを通った時にも書いたが、列車の前面展望を眺めている時のトンネルは、複線よりも単線のほうが何倍も楽しい。単線ならではの閉塞感と圧迫感が、強烈なる快感を呼び覚ますのだ。

先ほどの上り列車では、貨車を押すことに集中していたため気付かなかったが、さすがに急峻な「瀬野八」はカーブが多い。S字カーブの連続で直線区間がほとんどない。

工事区間があるらしく、「PRANETS」という運転支援装置から注意を呼び掛ける女性のアナウンスが流れる。

「この先、徐行があります」

「徐行区間に接近しました」

凛とした美しい声に、気が引き締まる。指示に従いわが機関車は速度を落として坂道を下っていく。

記者はこうした長い下り坂は惰性で走るのかと思っていたが、そうではなかった。

「惰性で走ると速度を落とすたびに空気ブレーキを使わなければなりません。発電ブレーキだと一ノッチ入れておけばずっと走ってくれます」（加川さん）

詳しいことはわからないが、おそらく自動車のエンジンブレーキのようなものらしい。

帰りのほうが忙しい

切り立った山の斜面に周囲を閉ざされているので、あまり明るさを感じない。

列車左手に瀬野川が流れ、それに沿って国道二号が走っている。国道沿いにはコンクリート会社や産廃処理場などが点在し、古い民家の壁には聖書の言葉が書かれた〝キリスト看板〟が貼り付けてあったりして風情がある。首都圏の一部の読者にわかるように説明すると、小田急線で渋沢から新松田に向かって走ると、トンネルを出た後、東名高速と交差するまでの間、川と国道に沿って走るところがあるが、あれに勾配を付けたような風景だ。

出発時の「発車！」「出発進行！」もそうだが、走り始めてからも運転士が色々な喚呼をする。「第二閉塞進行！」とか「三番場内進行、制限五十五キロ！」などなど。往路ではこうした確認作業は本務機の運転士が行っていたので、補機ではその必要がなかったのだ。帰りは我々が本務機なので、そのすべてをしなければならない。

カーブは多いわ、トンネルはくぐるわ、工事区間はあるわで運転士はとても忙しそうだ。カーブで車輪が軋む音や、トンネルや短い鉄橋の轟音も響いてきて、助士席に座っているだけの記者まで意味もなくアタフタしてしまう。

シカ、イノシシ……夜に遭遇する動物たち

ただでさえ忙しいのに、夜になると動物が線路内に侵入してくるので、運転士は気の休まる暇がないという。
「夜の瀬野八はシカやイノシシなど何かしら動物に遭遇します。列車が近づいて逃げてくれればいいのですが、逃げてくれないことも多いんです。シカは驚くとジッと硬直してしまうし、イノシシは機関車に向かって突っ込んできたりする（苦笑）」（坂林さん）
山田さんによると、シカなどは鉄分を摂取する目的があるようで、レールを舐めにやって来るのだそうだ。

時には正体不明の生命体と接触することもあり、そんな時は列車を停めて安全確認の作業をしなければならない。真っ暗な夜の山間部で、懐中電灯を頼りに「接触した相手の正体」を確認する作業は、あまり愉快な仕事ではない。

ちなみに「登り」で一番苦労するのは、車輪の空転だという。

「雨や雪などの気象条件も多少は関係しますが、一番厄介なのは〝落ち葉〟です。ちょうどいまくらい（十二月）は落ち葉や枯れ葉がレールの上に被さり、それを踏むと空転しやすい。お客様の大切な荷物を運んでいるので、貨車に余計な動揺を与えないように注意もしなければなりません。力任せに押せばいいというわけでもないので気を遣います」（加川さん）

聞いてみないとわからない苦労が多いのだ。

線路際に「曲」とか「セクションクリア4」などと書かれた標識が繰り返し登場する。どういう意味なのかあとで教えてもらおうと思ったが聞き忘れた。「曲」は「この先カーブあり」かな、とも思ったが、それにしてはカーブの真ん中あたりにあったりもする。およそ凡人の想像の域を超えた深い意味があるに違いない。

と思っていたら、後日JR広報室の稲垣篤史さんから事情を教えてもらった。

「曲」という標識は、正式には「曲線速度制限注意喚起標」と呼ばれるもの。記者の想像通り、「この先カーブがあるから速度制限に注意するように」と呼び掛ける標識とのこと。対象となる曲線の四百メートル手前に設置されるため、カーブが連続する「瀬野八」などではこれが〝前のカーブ〟の途中にあったりするので、前述のようなことになるのだそうだ。

一方の「セクションクリア4」は、昭和の男性四人組ボーカルユニットの名前のようだが、もちろんそうではない。電化区間で架線が複数並んでいる区間のことを「エアセクション」と呼ぶ。といっても、先に触れた〝瀬野八〟の上り線のように、大量の電力を必要とする動力車のために架線を二本設置しているのとは異なり、A変電所から送電される架線とB変電所から送られる架線が接する箇所で、部分的に複数の架線が並んでいるところを「エアセクション」と呼ぶ。

電圧の異なる複数の架線に一つのパンタグラフが接すると、ショートして架線を損傷する危険性がある。といっても、短時間なら問題なく通過できるのだが、そこで停車してしまうと非常に危険だ。

そのため列車はエアセクション内で停車しないようにしなければならないのだ。「エアセクション4」とは、四両編成の旅客列車（電車）がこの標識を通過すると「エアセクションを出ましたよ！（だから停車しても構いませんよ！）」という意味を持っているのだ。

ちなみに貨物列車は動力車が先頭の機関車だけなので、「エアセクション2（二両編成の列車はエアセクションを出ましたよ！）」が適用されるのだそうだ。

えらそうに解説したが、すべて稲垣さんからの受け売りだ。でも、受け売りだろうと何だろうと、これを知ったことで今後電車の先頭車両で前面展望を眺める際の楽しさが、ほんの少し大きくなるはずだ。

瀬野駅を時速45キロで通過。

登りと同じ十三分で「瀬野八」を下り終える

十五時五十六分、瀬野駅を時速四十五キロで通過。

十三分かけて登った「瀬野八」を、帰りも同じ時間をかけて下ってきたことになる。これは途中の徐行区間のせいだろう。

瀬野駅を過ぎると住宅地の中を走るようになる。まだ下り坂が続いてはいるものの、勾配はかなり緩やかになったようだ。

正面から西日を浴びながら走る。

十六時十二分。中野東駅の手前あたりから信号機が「黄色」を示すようになった。西条駅を我々より五分早く出た下り普通電車岩国行きに接近しているのだろ

無事、広島貨物ターミナル駅へ帰還。

う。

時速二十五キロまで落としてゆっくり進行する。貨物列車は一度停まると、再び走り出すのに大きな動力を伴う。運転士としてはなるべくなら列車を停めず、走れる限りはゆっくり走りたい、という意識が働くのだそうだ。

横須賀第二踏切をゆっくり通過。線路際で少年がカメラを構えていた。

列車は貨物専用線へ。時速八十キロで快走

この先の海田市駅から貨物線に入るので、先行の旅客列車を気にする必要がなくなる。

安芸中野過ぎの新幹線の高架下手前から速度を上げ、時速八十キロで快走し出した。

広島カープ室内練習場の脇に停車する。

　海田市駅の手前で左から呉線の線路が合流し、突如として大所帯となった。新婚家庭に子どもが生まれ、そこに親戚が転がり込んできたような賑やかさだ。我々はここから始まる貨物線へと進入していく。

　天神川駅の手前で敷地が広くなると、線路は数え切れないほどに増殖していく。いつの間にか広島貨物ターミナル駅の構内に入ったようだ。わが単五九九列車は、そのほぼ中央を、徐々に速度を落としながら進んでいく。

　無数の機関車や貨車が点在する構内に、わが機関車の進む線路だけがきれいに開かれている。モーゼの眼前で海が二つに割れるがごとく――。

　その割れた真ん中を最徐行で進み、信号機の手前で一旦停車。その後再び動き

一人ぽっちの旅を終えた「単599列車」。

出し、先ほど一〇五六列車に乗り込んだ場所よりさらに奥、広島カープの室内練習場の脇にある「西機待一番線」まで進んで停止した。

十六時十七分。強烈だった西日は、かなり低い位置まで沈んでいた。

廃車を待つ〝もみじ色〟の機関車

機関車を降り、駅本屋の前の駐車場まで線路際を歩いていく。

線路を渡る時には、前を歩く山田さんの真似をして、指差し喚呼をする。最初は何となく恥ずかしかったのだが、三度目ともなると慣れたもので、少しは堂々と指を差せるようになったのではないかと思う。

駐車場に戻る途中に、広島らしい〝も

廃車を待つ「昭和の名機」EF67形式電気機関車。

みじ色〟の機関車が留置されている。

ＥＦ６７形式電気機関車。

一九八九年に、この「瀬野八」で後押しをするための専用機関車としてＥＦ６５形式から改造された車両だ。いまでは今日乗ったＥＦ２１０形式（３００番台）に主役の座を奪われ、夜間から早朝にかけて運用に入る程度の位置付けに追いやられている。すでに次回の全般検査の予定はなく、廃車の時期が近づいている。

昭和生まれの記者は、どうしても昭和の機関車、国鉄時代の機関車を贔屓目に見てしまうのだが、実際に乗ってみると、その乗り心地はかなりの差がある。

これまでに記者が乗った機関車は、最初がＥＨ５００形式（金太郎）、次がＥＦ６５形式（１０００番台）、そして今回のＥＦ２１０形式（３００番台・桃太郎）だ。このうちEF65が昭和（国鉄）の機関車で、残る二つは平成（JR）の機関車。EF65には申し訳ないが、その居住性は雲泥の差があった。操作性もEF65はとても複雑で難しそうだった。もし記者が運転士だったら、やはり平成の機関車に乗務したいと思うだろう。しかも、EF67には冷房装置がない。温暖化の進んだ現代において、夏場に乗務する運転士の苦労は並大抵のものではないという。

「でも、ロクナナに乗っていると沿線から写真を撮られることが多いんです」（加川さん）

どんなに暑くても涼しい顔をしていなければならない。

夏は「猛暑」「酷暑」が当たり前になったいま、昭和の機関車は乗るものではなく、眺めて楽しむ対象となったのだ。

機関区長のお出迎え

山田さんの運転する車で、天神川駅近くにある広島機関区に移動する。

歴史を感じさせる武骨な造りの機関区で、機関区長の賀屋繁さんが迎えてくれた。

機関区を入ったところに安全運転や職場環境の改善を呼び掛けるポスターが貼ってある。聞けばこのポスターのイラストは、先ほど添乗した機関車に指導係として乗務していた加川さんが描いたものだという。機関車も運転できて絵も描ける、多才な人だったのだ。

機関区とは、貨物列車の乗務員（以前は寝台特急の機関士も）が所属する部署。広島機関区

左から坂林大輔さん、賀屋繁さん、加川尚さん。

には九十六名の運転士を含む百六名の職員が所属し、山陽本線の岡山貨物ターミナル駅から山口県下関市にある幡生操車場までの三百七十九・五キロを担当している。

賀屋さんからそんな説明を伺っていると、先ほどの列車に乗務していた加川さんと坂林さんが戻ってきた。我々が機関車を降りた西機待一番線と機関区は、広大な貨物ターミナル駅の端と端のような場所にあり、直線距離で一・三キロもある。行きも帰りも「山手線一駅分」程度の距離を歩かなければならない。

これは運転士だけでなく、貨物駅で働く人たちは総じて歩く距離が長い。厚生労働省は健康のために一日あたり八千歩以上の歩行を奨励しているが、貨物鉄道の現場で働く人たちにとって、そのハードルは低そうだ。

それでも、「乗客」がいればそうした苦労を我々も目にすることができるが、相手が貨物だとそれもない。本当に大変な仕事だと思う。せめて「楽しい」と思うこともあってほしい。

乗務する区間で、好きな景色はあるか訊いてみた。

「基本的に前方と信号と計器を見ていないといけないので……」という大前提のうえで、それでも好きな区間を教えてくれた。

「金光《こんこう》駅（岡山県浅口市）のあたりは、春になると桜がきれいなので好きですね」（加川さん）

「尾道駅（広島県尾道市）や大畠駅（山口県柳井市）のあたりは、海に近いところを走るので気持ちがいいです。ただ、海沿いは曲線や制限箇所になっていることが多いので、〝堪能する〟ということはないですね（笑）」（坂林さん）

貨物列車は旅客列車と違って夜間帯に走ることが多い。

「ホタルや打ち上げ花火、あと名前は忘れましたが流星群がきれいに見えたこともあります。ただ、やっぱり夜間は動物が出てくるので、走行中は前方から目が離せない……」

と坂林さんは苦笑する。

物流を支えるプロの技と知恵

すでに触れた通り、二〇一八年七月に発生した西日本豪雨の災害で、山陽本線では約三カ月にわたって不通区間が発生した。
この間、加川さんと坂林さんは広島貨物ターミナル駅で、代替輸送にあたるトラックの誘導作業などに従事していたという。
「復旧して三カ月ぶりに機関車を運転した時は、それまで経験したことのない恐怖感がありました。復旧直後は徐行区間が多くて気も遣うし、何より運転席で感じる体感速度が普通以上に速いんです。時速九十キロがとてつもない速さに感じられました」（坂林さん）
「普段走っている線路が、土砂と一緒に流されている光景をテレビで見た時は息を呑みました。不通になって数日後、近所のコンビニに行ったら欠品だらけだったんです。ガラガラの棚を見た時に、自分の仕事が社会に貢献していたんだ、という実感があらためて湧き上がってきました」（加川さん）
コロナ禍をきっかけにして、再び国民の意識が物流の重要性に向くようになった。国民の生活を守るため、あらゆる物資の安定供給を維持するため、彼ら物流のプロたちが技と知恵を集結させて、今日も「瀬野八」の峠を越えていく。
（初出「文春オンライン」二〇二〇年七月十三日。登場人物の肩書きは当時のもの）

※この記事の取材は、二〇一九年十二月十七〜十八日に行ったものです。
※ＥＦ６７形式電気機関車は、二〇二二年四月をもって全車が登録抹消となりました。

6

貨物列車添乗ルポ

「文藝春秋」を北に追え！

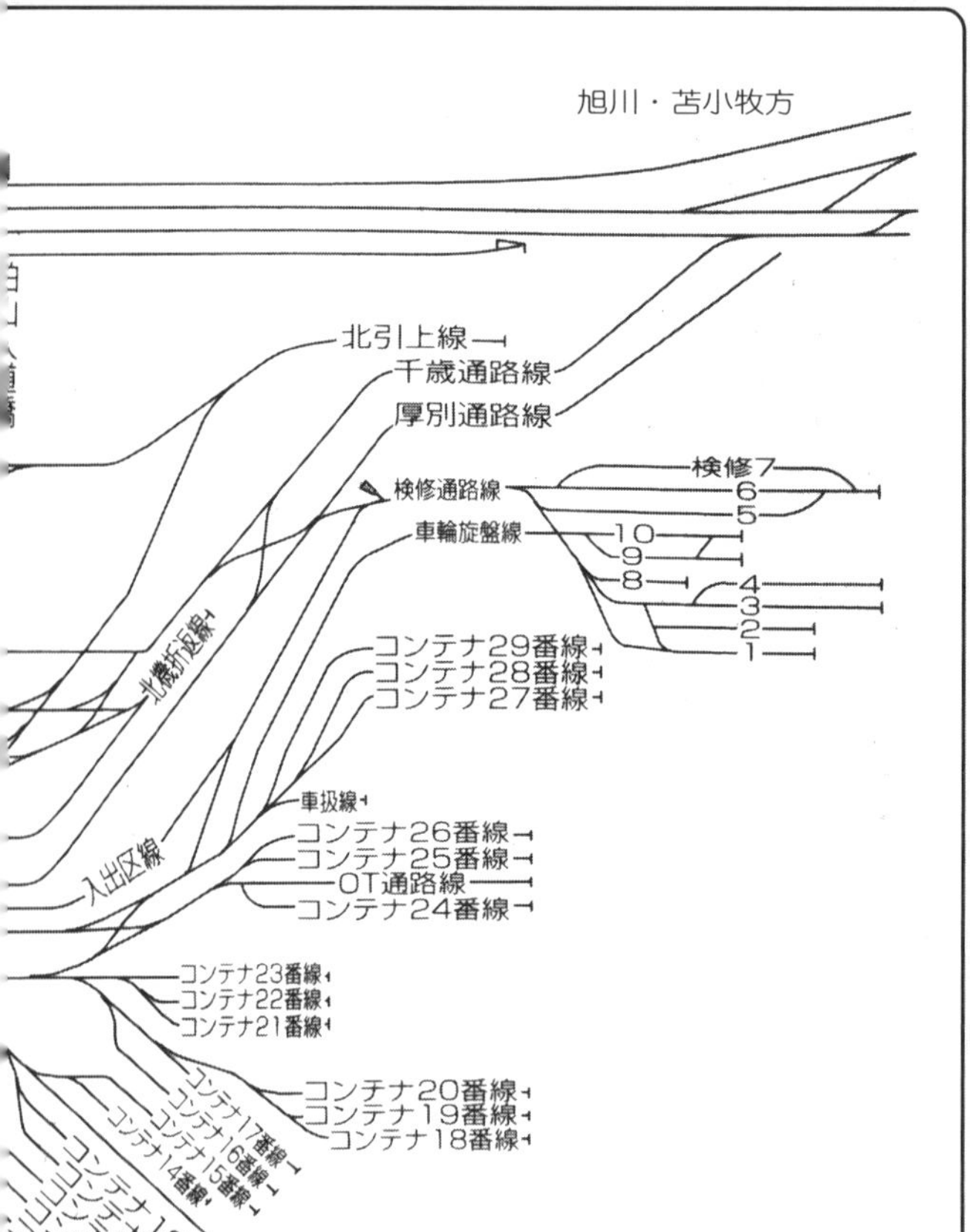

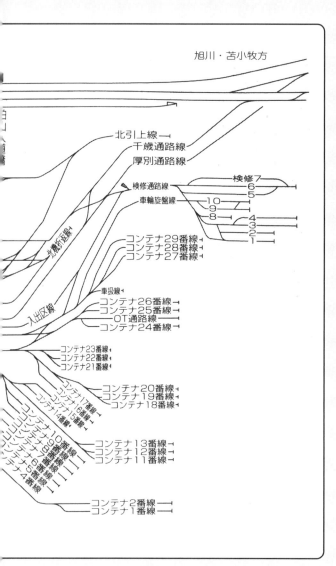

札幌貨物ターミナル駅

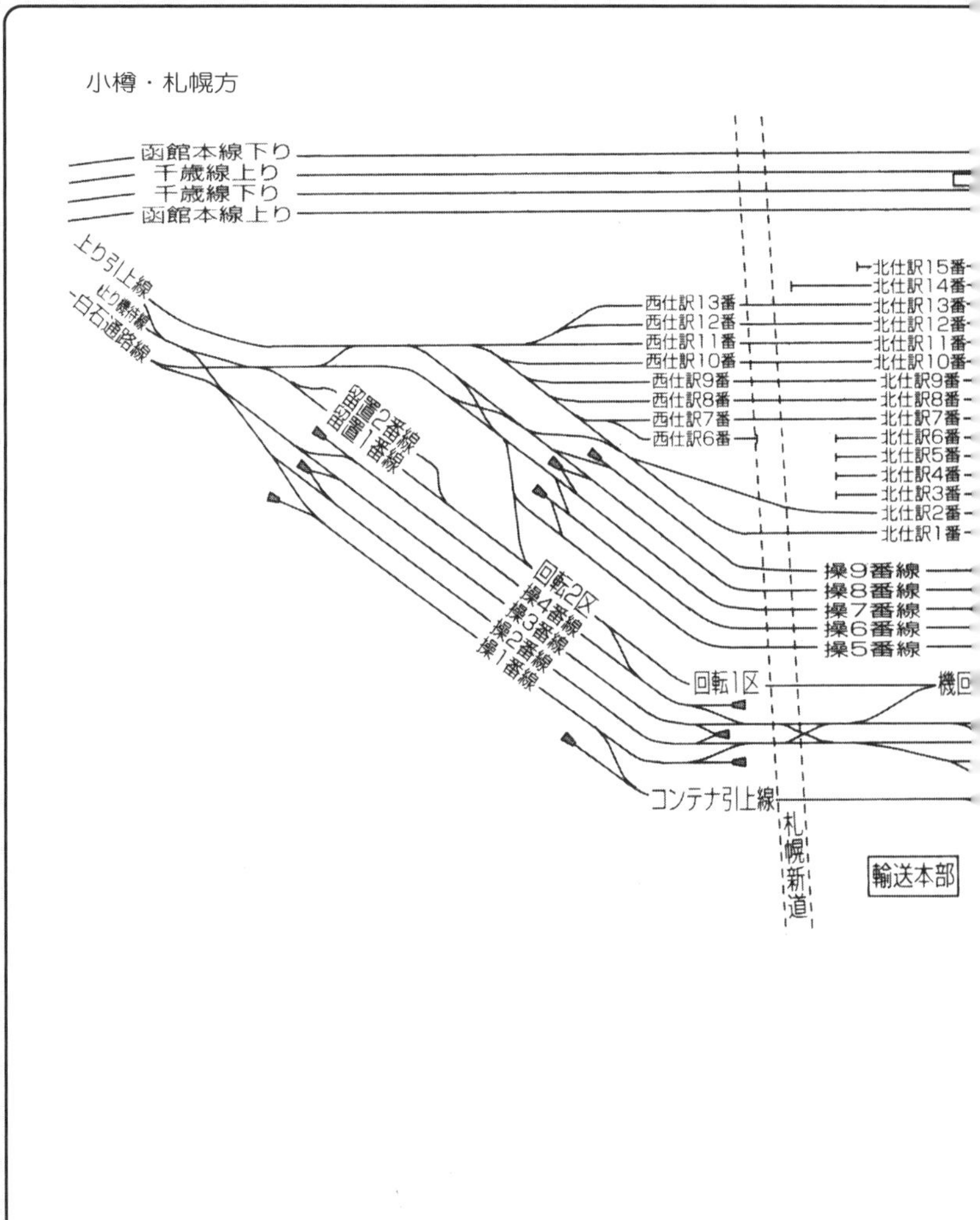

小樽・札幌方
函館本線下り
千歳線上り
千歳線下り
函館本線上り
上り引上線
上り機待線
白石通路線
西仕訳13番
西仕訳12番
西仕訳11番
西仕訳10番
西仕訳9番
西仕訳8番
西仕訳7番
西仕訳6番
北仕訳15番
北仕訳14番
北仕訳13番
北仕訳12番
北仕訳11番
北仕訳10番
北仕訳9番
北仕訳8番
北仕訳7番
北仕訳6番
北仕訳5番
北仕訳4番
北仕訳3番
北仕訳2番
北仕訳1番
留置2番線
留置1番線
回転2区
操4番線
操3番線
操2番線
操1番線
操9番線
操8番線
操7番線
操6番線
操5番線
回転1区
コンテナ引上線
札幌新道
輸送本部

大きなミッションを持って貨物列車に乗り込む

これまで三回、貨物列車に乗って添乗記を書いてきた。

普通なら人生で一度も乗ることができない貨物列車に三回も乗ったわけで、貨物列車を愛する者としてこんな幸せなことはない。

しかも、それらの原稿を一冊の本にまとめようという話が持ち上がった。つまりこの本のことだ。

本書の編集者の吉地真さんから電話が来た。

「せっかく本にするなら、もう一本添乗記を書けないだろうか」

そこで日本貨物鉄道株式会社（ＪＲ貨物）広報室で、このシリーズの第一回からご対応いただいてきた中村玲香さんに相談したのが二〇二一年春のこと。

回答はこうだった。

「残念ながら、現在は運転士へのコロナ感染防止のため、機関車への添乗をお断りさせていただいております」

じつに残念だ。貨物列車に乗れないことも、本を出せないことも残念だ。

「こんな残念なことがあるだろうか……」

と涙に暮れながら年を越し、二〇二二年も半分が過ぎた六月二十一日火曜日の午後のこと。

中村さんから電話が来た。

「コロナが収まってきたので、感染対策を徹底すれば添乗可能になりました」

もはや無理かとあきらめかけていた四回目の貨物列車添乗の企画が、突如「ガッタン」と音を立てて動き出したのだ。その後、たび重なるやり取りの末に、晴れてこのプランに正式な青信号が灯った。

今回は、ある大きなミッションを持って貨物列車に乗り込むことになった。そのミッションとは、題して「『文藝春秋』を北に追え!」。

北海道と首都圏を行き来する貨物列車は一日あたり最大四十二本が走っている。北海道から首都圏に向かう上りの貨物列車は、タマネギやジャガイモに代表される「農産品」や、砂糖や乳製品などの「食料工業品」のほか、製紙工場で作られる「紙」なども輸送している。つまり「原料」が主力なのに対して、首都圏から北海道に向かう下り列車は、そうした原料を加工して出来上がった「完成品」を中心に運んでいる。その中には当然「書籍」も含まれる。

月刊「文藝春秋」は毎月十日に全国一斉発売される。そして北海道で売られる同誌の輸送は、じつは貨物鉄道が担っているのだ。

そこで、埼玉県川口市の印刷工場で刷り上がったばかりの「文藝春秋」が貨物列車で北海道に運ばれ、発売日当日の朝に札幌の書店に並ぶところまでを追いかける——という壮大な企画が持ち上がったのだ。

八月十九日金曜日の夕刻。私は中村さんと、JR貨物広報室の稲垣篤史さんと、南千住駅で待ち合わせをした。隅田川駅構内にある日本通運東京コンテナ支店出版輸送事業所を訪ね、このルポの冒頭を飾る、「できたばかりの雑誌がトーハン上尾センターを出発するシーン」の取材の打ち合わせをした。

直前の七月にＪＲ貨物では人事異動があり、中村さんは別部署に移り、入れ替わる形で鉄道ロジスティクス本部車両部から稲垣さんが広報室に転属となった。今回のルポには稲垣さんが同行してくださることになったので、この日の会合はその顔合わせの意味もある。

挨拶を終えた三人は、南千住駅近くの中華料理屋で壮行会を開催した。これまでのルポの取材を振り返り、この本の掉尾《ちょうび》を飾る壮大な密着取材への期待を語り合った。

楽しい話題の宴は酒が進む。翌日京都で仕事がある稲垣さんは途中で退席されたが、残った中村さんと私は、大いに語り合った。

その後も稲垣さんと打ち合わせを重ねながら準備を進めてきたのだが、直前になって大変なことが起きた。稲垣さんが新型コロナウイルス感染症の濃厚接触者となり、自宅隔離を余儀なくされたのだ。

急遽「最も事情を知る人物」として中村さんが同行してくれることになった。すでに広報室から離れている立場なのだが、今回は特別に〝越境〟しての同行が許されたのだ。

「文藝春秋」十月号の積み込みを見学

行き先ごとの梱包を終え、積み込みを待つ「文藝春秋」。

九月六日火曜日の午後、中村さんと、JR貨物の広報誌「MONTHLYかもつ」の取材で同行する広報室の宮地まなみさんとの三人で、埼玉県上尾市にある書籍取次大手「トーハン」の上尾センターを訪問した。ここは東京の出版社が発行する雑誌を全国に向けて発送する一大拠点。トーハンロジテックス取締役雑誌流通業務部長の鳥越昭二さんと同部上尾事業所長の坂本昌巳さんの案内で、埼玉県川口市のTOPPAN(旧凸版印刷)工場ででき上がったばかりの「文藝春秋」十月号がトラックでここに運ばれ、道内の発送先となる店舗別に梱包されて、丁寧にコンテナに積み込まれるところを見学した。

梱包された雑誌は、ドライバーの手によって一つひとつ丁寧にコンテナ内部に

ドライバーの手によってバランスよく積み込まれる。

積み込みが終了。

この「封印環」が次に解かれるのは目的地・札幌だ。

積み込まれていく。内部で荷崩れが起きないよう、また一カ所に重心が偏らないように計算しながら積み上げていく作業は、頭と体の両方を酷使する重労働だ。

ドライバーの額から汗が滴り落ちる。

すべての書籍がコンテナに収められ、扉を閉め、「封印環」という鍵の役割をする結束バンドを装着される。封印環には番号が振られており、この番号も管理され、一度閉じたら目的地に着くまで開けられない仕組みなのだ。

「取材対象」として見ているからだとは思うが、こうした一連の工程が崇高な儀式のように思えてくる。「封印環」されたこのコンテナの扉が次に開けられるのは二日後の九月八日の朝、札幌市内の配送センターでのことになる。

日本通運のコンテナ集配トラックに載せら

上尾を出発するコンテナ。

れた十二フィートコンテナ「19G－21584」は十六時三十八分、今年初めて聞くツクツクボウシの鳴き声に見送られて、一路JR貨物の隅田川駅に向けて出発していった。

このコンテナは隅田川駅でトラックから下ろされ、二十時五十六分に出発する三〇五九列車に積み換えられて札幌貨物ターミナル駅へと運ばれる。記者が今回添乗を許されているのは、途中の青森信号場から函館貨物駅までの一五七・六キロ。上尾からトラックの後を隅田川駅まで追いかけていたら間に合わなくなってしまうので、一旦コンテナとは別行動をとることにした。大宮駅から東北新幹線で青森に先回りして一泊。翌朝、青森信号場で当該列車を待ち受ける、というスケジュールだ。

ちなみにこのコンテナが無事に隅田川駅に到着し、列車に積み替えられて出発する感動

隅田川駅に着いたコンテナ。

コンテナはフォークリフトで貨車へと積み替えられる。

のシーンは、文藝春秋の杉山秀樹カメラマンによって捉えられ、本書のカバーを飾っている。

◇

大宮駅を十七時四十五分に出る「はやぶさ39号」に乗り、新青森駅に二十時四十分着。接続する奥羽本線に乗り換えて、青森駅に着いたのは二十時五十六分。

ホテルに向かって歩きながら、「どこかで一杯飲もうかな……」と思っていたが、新幹線に乗る前に大宮駅で生ビールを一杯、新幹線の中で缶ビールを二本飲んでいるので、無理して飲まなくてもいいような気もする。中村さんがいれば飲むところだが、彼女は大宮から別行動で、新青森駅と青森駅で見渡した限りでは姿を見つけることができなかった。結局「明日は早いし」ということで、コンビニで缶ビールを一本買ってホテルに入ってしまった。

二十二時過ぎ、隅田川駅での出発シーンの撮影に立ち会った編集者の吉地さんから携帯にメールが届いた。

「まるで銀河鉄道が発車していくようで幻想的だった。鳥肌が立った」

鉄道にはまるで興味がないと言っていた編集者の体内に、ほんの少し〝鉄分〟が芽生えたようだ。

貨物の積み下ろしや旅客の乗降は行わない「青森信号場」へ

翌九月七日水曜日午前四時四十五分に起きた記者は、五時十五分にチェックアウトし、白々と明るくなり始めた青森の街をほっつき歩いて駅前のホテルに着いた。このホテルに泊まっていた中村さんと五時半に合流し、タクシーに乗り込む。

十分ほどで青森信号場に到着した。

八戸方から青い森鉄道(旧東北本線)で青森駅に向かうと、駅の直前で大きく右にカーブして左側から来るJR奥羽本線と合流して青森駅に到着するが、その「右カーブ」に入る直前にある信号場だ。

「信号場」とは、運転上の理由があって列車が停止する設備はあるが、貨物の積み下ろしや旅客の乗降は行わない施設——を指す。貨物列車の場合、ここで機関車の付け替えや運転士の交代が行われることが多い。本州と北海道を結ぶ多くの貨物列車は、この青森信号場か、三・九キロ東京寄りにある東青森駅で機関車と運転士が交代する。

まず、構内にあるJR貨物東北支社青森総合鉄道部の髙橋忍課長を訪ねる。

髙橋課長から青森総合鉄道部や青森信号場の概要などを伺っていると、記者がこれから添乗する三〇五九列車を運転する三橋直幸運転士と助役の駒井司さんによる出発前の点呼が始まった。細かな確認事項の申し送りがあり、最後に敬礼をする。写真を撮りながら、記者も心で敬礼をする。

ヘルメットと安全チョッキを装着して機関区を出て、線路を何本か渡っていくと、東京方から二十両のコンテナ車を引き連れた三〇五九列車がやって来た。昨夜二十時五十六分に東京の隅田川駅を出発したこの列車は、途中黒磯駅、東仙台信号場、盛岡貨物ターミナル駅で運転士

敬礼を交わす駒井司（右）さんと三橋直幸さん。

が乗り替わり、ここ青森信号場から次の中継地である函館貨物駅までを三橋運転士が担当する。そこで列車の向きを変えると、次の運転士が東室蘭駅まで乗務し、さらにそこで乗り継いだ運転士が終点の札幌貨物ターミナル駅まで運転することになっている。つまり七人の運転士が順番に受け持ち区間を運転することで、この列車の運行は成立するのだ。まさに「駅伝」だ。

昨夜、編集者の吉地さんに鳥肌を立たせたこの列車は、私がホテルで爆睡している最中も休むことなく走り続け、時間通りに青森までやって来たのだ。おそらく吉地さんはまだ寝ているだろう。そう考えるだけで、ちょっと感動してしまう。

当日渡された運行表を見ると、三橋運転士は前日の十九時三十七分に函館貨物

「文藝春秋」を載せた3059列車が到着。

駅を出る九四列車（札幌貨物ターミナル駅発、新座貨物ターミナル駅行）を運転して二十三時十九分に青森信号場に到着して夜間滞泊。これから三〇五九列車で函館貨物駅に戻って業務を終えることになっている。

午前六時四十八分、青森信号場着発一番線に到着した三〇五九列車は、すぐに先頭の機関車（ＥＨ５００―18号機）を切り離して、青函トンネルを含む北海道新幹線との共用区間の走行に対応した電気機関車（ＥＨ８００―６号機）を連結する。

ＥＨ８００形式は青函トンネルを含む北海道新幹線との共用区間を走るために設計された機関車で、東青森駅と函館貨物駅間のみを走っている。真っ赤なボディに白と銀色の帯をまとった精悍な顔立

新幹線との共用区間を走るために設計されたEH800形式電気式機関車。

三〇五九列車にEH800を連結。

EH800の運転席から見た風景。

ちだが、先ほどまで引っ張ってきたEH500に付けられた「金太郎」のような愛称はない。気の毒なので何か素敵なニックネームを付けてあげたい。津軽海峡には「カマイルカ」が生息しているというので「赤イルカ」というのはどうだろう。あるいは「いるか太郎」とか……。まあどちらも「素敵」ではないので、この案は心に秘めたまま運転室に乗り込む。

運転室の進行方向に向かって左側にある運転席に三橋運転士が座ると、出発前点検が始まった。右側には助士席が一つあり、毎度のことながら中村さんとの間で「どうぞおかけください」「いえいえそういうわけにはいきません」という一連のやり取りを経て記者が助士席に収まり、中村さんがその後ろに立つ。これから約三時間の道のりを、女性を立たせて自分だけが座っていいものだろうか、という自責の念はあったが、実際に走り始めたら、座らせてもらって正解だということがよくわかった。それについてはあとで触れる。

貨物列車でなければ通れない区間に感じるロマン

中村さんと記者の総勢二名で編成された「文藝春秋十月号特別追跡調査団」と、この時点では未確認だが後ろにいるはずの「文藝春秋」十月号を載せた三〇五九列車は、定刻の午前七時七分十五秒、三橋運転士の「出発進行！」という指差し喚呼と、「ピイッ！」という鋭い気笛を合図に、髙橋課長に見送られて青森信号場を発車した。

信号場を出ると、すぐに最初のヤマ場に差しかかる。地図で見ると東側から来た青い森鉄道は右カーブで北へ、西側から来た奥羽本線と津軽線は左にカーブして北に進み、合流する形で青森駅に進入するのだが、青森駅に用事のない貨物列車はそのデルタの底辺に敷かれた単線の短絡線を走って津軽線へと進んでいくのだ。このおよそ七百三十メートルは、一部の例外を除いて、貨物列車に乗らなければ通ることのできない区間であり、記者はこういうところを走る貨物列車に深いロマンを感じるのだ。

大好きな貨物列車に乗れて興奮の冷めやらぬうちに訪れた最初のクライマックスに、記者の精神は早くも破綻した。「あわわ、あわわ」とアタフタしているうちに専用線は終了してしまったのだ。右側から近づいてきた奥羽本線と合流すると、わが列車は右へ右へとポイントを渡

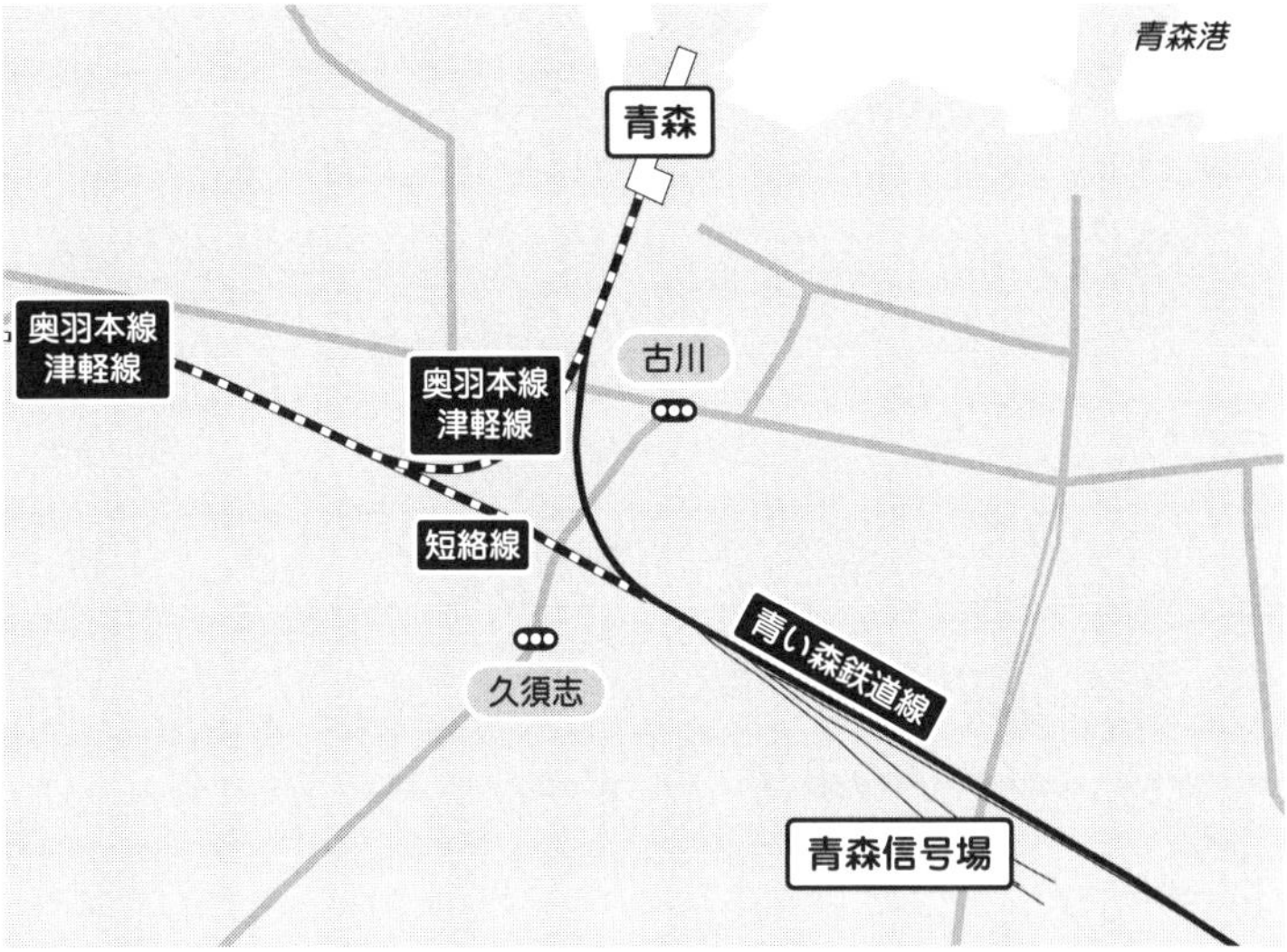

青森信号場周辺。

り、一番右側の津軽線の線路に入っていく。その間およそ一～二分の出来事だった。

中村さんが席を譲ってくれた理由が判明

記者が津軽線に乗るのは七年ぶりのこと。それは新幹線の新函館北斗延伸の前年で、旧い車両の特急列車の窓から雨に煙る津軽海峡を一人眺めながら中島みゆきの曲を聴いていたのを覚えている。旅先の印象というものはその日の天候と流れていた音楽によって決定付けられる部分が大きく、当然その時の印象は「哀愁」「寂寥」「別離」「逃避」という負の要素に満ちていた。心は沈む一方だった。

ところが今日はどうだろう。澄み渡る青空、まぶしい朝日、近代的な建売住宅群……。車窓左手にはそのふんだんな日の光を当て込んだ無数の太陽光パネルまで並んでいる。時折見える海はキラキラ光り、山の緑は青々と輝いている。しかも大好きな貨物列車に乗っているから心も躍る。歌ったことはないがヨーデルの一つも口ずさみたくなる。

列車は速度を増し、軽快に走る。しかし、ここで中村さんが頑なにヒラ団員の記者に席を譲ってくれた理由がわかった。ポイントが多くて揺れると危険なのだ。

これまで添乗した三回はいずれもその大半が複線区間だった。それに対して今回は、新幹線との共用区間以外は単線区間を走る。電気機関車の運転室は電車の客席より高い位置にあるので、ポイントを通過するたびに揺れる。複線でもポイントを渡る時には揺れるが、単線区間は複線よりもポイントで左右に動く回数が多いので、そのたびに運転室にいる人間は揃って左右に大きく体が傾くのだ。

過去に同じ区間の逆向きの列車に添乗した経験を持つ中村さんは、この揺れを知っている。足腰が弱り始めている初老の記者を座らせて意識を前方に集中させておくほうが、安全なのだ。

トンボが乱舞する田園地帯を疾走

七時十九分。奥内《おくない》というのどかな駅で列車交換（すれ違い）のために十二分間の停車。何匹ものトンボが舞っている。

青森市街の学校に向かう女子高生が自転車で走ってくる。その向こうから上りの列車も近づ

停車中も忙しそうな三橋運転士。

いてくる。タイミングとしてはきわどいが、彼女が列車に乗り遅れることはないのだろう。記者がそう考える根拠はただ一つ。「のどかだから」だ。

停車中、三橋運転士から話しかけられた。

運転士「暑いようでしたら窓を開けてください」

記者「ありがとうございます。大丈夫です」

運転士「新幹線との共用区間では閉めていただきますが、あとはご自由にどうぞ」

記者「ありがとうございます」

七時三十一分。わが列車は奥内駅を発車。快晴の田園風景の中を疾走する。

中沢駅と蓬田駅の間には「中中沢踏切」というのがあった。中々いい名前の

新幹線の巨大なアーチ橋。

大平トンネルの入り口で新幹線と合流。

踏切だと思った矢先に、ちょっとしたハプニングが起きた。

電気機関車のフロントガラスには、運転士が座る左側だけでなく、助士席のある右側にもワイパーが取り付けられている。中中沢踏切のちょっと先で、飛んできたトンボが、記者の目の前のワイパーに絡まってしまったのだ。羽根をバタバタさせているが、トンボが自身の意思でもがいているのか、単に風圧によるものなのかはわからない。後ろに立つ中村さんに伝えようかとも思ったが、それを知った広報室としてもどうすることもできなかろう。トンボには気の毒だが、ここは見て見ぬふりをするしかない。これより先、なるべくカメラのファインダーにトンボが入り込まないように工夫しながら撮影することになる。

七時五十三分。新中小国《しんなかおぐに》信号場に停車。この先の分岐部でこの列車は、津軽線から北海道新幹線の線路に入っていくのだ。

人里離れた山深いところにある信号場は、シーンと静まり返っている。しかし、三橋運転士は色々とスイッチを操作し、その確認作業に忙しそうだ。新幹線には我々が普段鉄道に乗っていて目にする「信号機」はない。その代わり、運転席に信号が表示されるようになっているのだが、この機関車も新幹線との共用区間を走る際にはそれと同じ設定にする必要があり、その切替作業などを行っているのだ。

記者には確認することがないので、トンボの生存確認をする。脚をジリジリと動かしている。生きている。

七時五十五分、三〇五九列車は発車した。

いよいよ北海道新幹線との共用区間に入るのだ。そして、青函トンネルをくぐるのだ。

青函トンネル五十三キロを貨物列車はひた走る

目の前に新幹線の巨大なアーチ橋が見えてきた。津軽線と別れたわが列車は、その橋をくぐると勾配を登りながら弧を描くようにして新幹線に寄り添い、大平《おおだい》トンネルの直前で新幹線の線路に吸い込まれた。

ご存じの通り、新幹線の線路幅は千四百三十五ミリなのに対して、在来線のそれは千六十七ミリと異なる。そのため共用区間は新幹線のレールの内側にもう一本レールを敷いた「三線軌条」という仕組みになっている。正確に書くと、外側の二本のレールを新幹線が、左側と内側のレールを貨物列車が走るようになっている。左側のレールは新幹線と貨物列車の両方に踏まれるので損な役回りだ。

しばらく走ると前方に駅が見えてきた。北海道新幹線の本州側最北端の駅「奥津軽いまべつ駅」だ。するとわが貨物列車は、駅の直前のポイントで一旦本線を離脱する。駅の左側の側線に入っていき、八時六分に停車した。後から来る新幹線「はやて93号」に道を譲るために九分間停車する。

ふとトンボに目をやると、完全に動かなくなっている。心配だ。

八時九分、我々と駅を隔てて向こう側に上りの貨物列車が到着した。昨夜二十二時二十七分

新幹線のレールの内側に貨物列車のレールがある「三線軌条」。

に帯広貨物駅を出発して今夜十九時二十七分に隅田川駅に着く三〇五八列車と思われる。

そして八時十一分、我々を待たせていた「はやて93号」がやって来て、八時十二分に出ていった。

三分後の八時十五分、わが三〇五九列車は再び走り出すと、すぐに本線に再合流した。いよいよ青函トンネルが近づいてきた。

貨物列車で青函トンネルを通るにあたって、一つ楽しみにしていたことがある。トンネル内での新幹線とのすれ違いだ。迫力もさることながら、遠くに見えた光が線になって近づいてきて、瞬間的に後方に消え去っていく光景は、幻想的で中々いいものだという話を聞いていたのだ。トンネル内ですれ違えるかどうかは前もって調べようと思えば調べられるのだが、今回はあえてそれをしなかった。予定していない時に、突然経験するほうが感動も大きくなるからだ。

奥津軽いまべつ駅を出発してから青函トンネルまでの間に七つのトンネルがある。そのうちの三つ目の第二今別トンネルに入る直前で、突如向こうから新幹線の上り列車がやって来てすれ違った。トンネルに入る直前だったことと、先方の列車が速度を落としていたため、幻想とは程遠い、普通のすれ違いになってしまった。そしてその後、こちらの列車が津軽海峡を越えて北海道側に渡って再び在来線に戻るまで、新幹線とすれ違うことはなかった。

いくつかのトンネルに入っては出てを繰り返すうちに、トンボがいなくなっていることに気付いた。だいぶ衰弱していたようだが、本州にいるうちに離脱できたことは不幸中の幸いといえよう。無事に家族のもとに戻れることを願うばかりだ。自力で飛んで帰るには少々距離があるので、上り列車のワイパーにでもしがみつくといい。ただし新幹線にしがみつこうとすると、危険なうえに中中沢踏切は通らない。トンボがうまい具合に上り貨物列車のワイパーに添乗できる確率は、残念ながらそう高くない。

世界第四位、長大トンネルの入り口

前方に「青函隧道」と書かれたトンネルの入り口が現れた。その入り口は山の斜面の中腹にあり、とてもこれから海底をくぐるトンネルの入り口とは思えぬ佇まいだが、全長五十三・八

「青函隧道」と書かれた青函トンネルの入り口。

五キロは世界第四位、国内では堂々首位の長さを誇る長大トンネルの入り口なのだ。

トンネルに入ると三橋運転士が声をかけてくれた。

「照明はどうしますか?」

読者諸賢ご存じの通り、夜間やトンネルの中などの暗いところを走行する際、運転席の明かりをつけているとフロントガラスに反射して前方が見づらくなる。なので運転士側の車内灯は消していたのだが、助士席側の明かりは点いていたのだ。記者が地図を見たりノートに色々と書き込んでいたので消さないでいてくれたのだが、これだと記者も前方が見づらくなるし、運転にも影響が出るだろう。

「あ、すみません。消してください」

「了解です」

運転室から見た青函トンネルの内部。

運転室が真っ暗になると、前面展望がクリアになった。横からメーターを覗き見たところ時速八十キロで走っているようだが、トンネルという閉ざされた空間を滑らかに走っていると実際の時速以上に速く走っているように思える。在来線と違って基本は直線で、カーブがあっても極めて緩やかなのだが、それでもトンネルの中ではそのちょっとした変化が際立つ。

運転士の眠気対策は？

「さすがは新幹線だ……」

と感心する半面、しばらくすると飽きてくる。ここを毎日のように行き来する運転士は眠くなったりしないのだろうか。

後日インタビューした際に三橋運転士に

単調なトンネル内でも三橋運転士の喚呼は続く。

訊ねてみた。

「眠くならないように体調管理を怠らないようにしていますが、それでも眠気を感じたら、コーヒーを飲んだりガムを嚙んだりします。他にも、運行表に〝付箋〟を貼っておいて一キロ進むごとに剝がすとか、人によっていろんな工夫をしているようです」

じつは三橋運転士は父親もＪＲ貨物の運転士で、その姿に憧れてこの道に進んだ「貨物鉄道父子」。父上から仕事のうえで役立つアドバイスを受けているという。

私なら大きな声で歌をうたって眠気を覚ますと思う——と話すと、三橋運転士はにっこり笑って、

「歌うことはありますね。大きな声ではないけれど」

スノーシェルターの先で新幹線と分かれる。

と話してくれた。
今日は部外者が乗り込んだせいで歌の邪魔もしてしまった。いつかカラオケにでもご招待したいものだ。

地上に出たと思ったら次々とトンネルが……

当たり前だが五十三キロと言えば長い距離だ。東海道本線なら東京駅から辻堂駅までの距離に匹敵する。どこが最深部だったのかはわからなかったが、いつの間にか列車は上り勾配を登っていた。そして前方に「日の光」が見えた。
「地上だ！」
と思ったら、ほぼ連続する形で次のトンネルをくぐり、どこが正式な青函トンネルの終わりだったのかが判然としないまま、海底トンネルの旅は終わった。

絶景が続く「道南いさりび鉄道」沿線。

北海道も晴天だ。

しばらく走ると前方にスノーシェルターが現れ、そこから左側へと分岐する線路が確認できた。ここが木古内《きこない》にある分岐点で、この列車が新幹線との共用区間を走るのはここで終了。今度は「道南いさりび鉄道線」に進入するのだ。

この時記者は、子どもの頃のことを思い出した。

横浜に住んでいた少年時代、桜木町駅から京浜東北線で横浜駅に向かう途中、下り線の高架下のトンネルに向けて分岐していく線路があることに気付いた。聞けば貨物専用線だという。以来、注意深くトンネルに注目していたところ、一度だけ根岸から京浜東北線の線路を走って来た石油輸送列車がそのトンネルに吸い込まれる場面を目撃することができたのだ。

旅客列車が決して走ることのない線路を走っていく貨物列車の姿を見て、「いいなあ……」としみじみと思ったものだ。言い換えれば、記者が貨物列車に憧れた最初のきっかけは、「桜木町の貨物線への分岐」にあると言っていい。

そしていま、青函トンネルをくぐり終えて北海道に渡った五十七歳の記者は、木古内にある分岐点に、あの桜木町の分岐の面影を感じるのだ。

旅客列車が走れない線路を走ることのロマン――。

新幹線でここを通り過ぎる乗客の大半が、この分岐に興味を示すことはないだろう。でも、ごく稀に記者と同じ趣味を持つ者がここから枝分かれする線路を眺めた時には、「あそこを通る列車に乗ってみたいな」と思うはずだ。記者はそんな同好の士たちを代表して、その線路に進入する。興奮は無限大だ。

津軽海峡と函館山を望む〝絶景路線〟

新幹線と別れたわが列車は、急な勾配を下って新幹線の下をくぐり、午前九時九分、「新幹線の木古内駅」を見上げる位置にある「道南いさりび鉄道線の木古内駅」を通過する。

道南いさりび鉄道線は、JR北海道の江差《えさし》線が転換された第三セクター路線だ。電化はされているが、見事なまでのローカル線。もちろん単線だ。右手にいまくぐってきたばかりの津軽

流渓川にかかるトラス橋。

海峡を見ながら走る〝絶景路線〟だ。新幹線と同じ線路を走る体験は珍しくて楽しかったが、やはり記者はこちらのほうが性に合っている。マスクの下の顔がニヤけて仕方ない。

お尻から伝わる強い振動は、後ろに連なる二十両のコンテナ車の重みを感じさせる。北海道の読者に「文藝春秋」十月号を届けるために(もちろん他にも様々な物資を届けるために)、三〇五九列車はひた走る。釜谷という駅を通過すると、右手前方に函館山が見えてきた。三橋運転士はこのあたりの景色が一番好きだと、後日のインタビューで話していた。

急に無数の線路と並走するようになり……

流渓川という北斗市を流れる二級河川

3059列車は無事、函館貨物駅に到着した。左に見えるのは五稜郭駅。

を斜めにまたぐトラス橋を渡ると、車窓に工場などが増えて、市街地に近づいたことがわかる。住宅が増え、大型量販店などが続々と現れるようになると、わが貨物列車は徐々に速度を落とし始めた。

記者の友人で、函館のコミュニティFMのアナウンサーをしている女性がいる。時々彼女が担当する番組を聴くことがあるのだが、道路交通情報でよく出てくる「七重浜」という地名がある。それと同じ名前の駅を通過した。いよいよ函館に近づいたのだな、という思いが高まってくる。

左側から函館本線の線路が近づいてきて合流する。それまで単線だったのが、急に無数の線路と並走するようになり、函館貨物駅の構内に進入すると列車はさらに減速。午前九時四十八分に同駅に隣

函館貨物駅ではJR貨物の保線係員が「退避完了合図」の挙手で列車の到着を迎えてくれた。

接する五稜郭駅を出発する長万部《おしゃまんべ》発函館行きのディーゼルカーが走り去っていくのが見えた。

三〇五九列車は定刻より二分遅れで到着

わが三〇五九列車は五稜郭駅の旅客ホームを左手に見て徐行し、午前九時五十分、定刻より二分の遅れで函館貨物駅・着発七番線の所定の位置に静かに停止した。延着は道南いさりび鉄道線内に何カ所かの徐行区間があったことによるものだ。

停止するとすぐに機関車は連結を解かれ、機関車だけでさらに数十メートル前進して、線路の突端で停車した。三橋運転士と中村さんと記者の二人は、機関車の中を移動して、反対側の運転室に移動す

貨車を切り離して隣の線路を走行中、「文藝春秋」他を納めたコンテナ「19G-21584」を確認！

る。そして今度は向きを変え、いま引っ張ってきた列車の左隣の線路をゆっくりと進んでいく。この時、「文藝春秋」十月号を載せたコンテナ「19G-21584」を確認することができた。昨日の夕方の上尾以来の再会だ。無事に津軽海峡の下をくぐって北海道にやって来ていたのだ。

我々の機関車が回送する間に、列車の本体はそれまで最後尾だった側にDF200形式というディーゼル機関車が取り付けられていた。ここからは向きを変えて札幌貨物ターミナル駅を目指すのだ。

十時二分、定刻通りに三〇五九列車は出発していった。列車が駅を出ていく時、もう一度、コンテナ「19G-21584」を確認することができた。

「札幌タ」に向けて函館貨物駅を出て行く第3059列車を見送る。

無事に届いてくれ。あさっては発売日だ。

◇

さて、貨物列車が出ていった後に取り残された我々はどうするのか。これから五稜郭機関区に向けて回送運転をするのだ。

十時九分。発車したEH800形式の6号機は、道南いさりび鉄道線に向かう線路を少し走ると、次のポイントでJR函館本線の線路に移り、ものの数メートル先にある次のポイントで機関区への引き込み線へと進入していく。機関区内の信号で一旦停止した後、再び走り始めると、もう速度を上げることはなくゆっくり進み、何やら格納庫のような建物のすぐ手前まで進んで、静かに停車した。

ありがとう！　三橋運転士。

これで本当に、記者の貨物列車添乗は終わってしまった。

◇

機関車を降りると三橋運転士は、車両周りを入念に点検し、最後に車輪止めを噛ませている。天気もいいし、せっかくなので機関車の前で三橋運転士の写真を撮らせてもらった。我ながらいい写真が撮れたと思う。

このあと追跡調査団の二名は、先ほど出発していった三〇五九列車を追いかけることになっている。そのため三橋運転士からゆっくり話を聞く時間はなかったのだが、ご厚意により後日リモートでインタビューをすることができた。記事の中で出てくる三橋運転士の発言は、そのインタビューでお聞きしたことだということをご理解いただきたい。

「北斗9号」で三〇五九列車を追跡

機関車を降りた三人は、機関区本屋に移動。お世話になった三橋運転士に挨拶をして、JR貨物五稜郭機関区運転総括助役の菊池諭さんの運転する車でJR五稜郭駅へ送ってもらう。

ここを十時五十分に出る特急「北斗9号」で三〇五九列車を追いかけるのだ。せっかく函館に来ておきながら、一時間も滞在せずに立ち去るというのは忍びない話だ。追いかけても追いつかないなら半日でも観光していきたいところだし、事実、先に触れた函館在住の友人と「ランチでも……」という話もしていたのだが、「北斗9号」に乗ると三〇五九列車に追いつくどころか、途中で追い抜くというのだから仕方ない。後ろ髪を引かれる思いで、先を急ぐことになった。

朝食をとらずに三時間にわたって貨物列車に添乗してきた我々調査団員は空腹だ。駅の売店で買ったおにぎりとお茶を持って列車に乗り込んだ。

五稜郭駅を出た時点では空席のほうが多い印象だったが、新幹線と接続する函館北斗駅で多くの観光客が乗り込んできて、七割方の席が埋まった。コロナ禍にしては乗車率は高い。

北海道の列車から眺める車窓は楽しい。変化が激しいわけでもなく、どちらかと言えば、どの区間を乗っても似たような景色ではあるのだが、東京に暮らす者の目には明らかに異質な風景が続くので、何度乗ってもワクワクするし、飽きることがないのだ。だから、どんなに疲れ

1223.3キロの旅を終え、札幌貨物ターミナル駅に到着した我らが「19G-21584」。

た状態であっても、記者が北海道の列車に乗って景色を見ずに寝てしまうことはまずないのだが、この日は不覚にも数回に分けて数十分間眠ってしまった。

朝が早かったことやおにぎりを食べて満腹中枢が刺激されたこともあるのだが、それまで「貨物列車の機関車」という特上の乗り物に乗っていた者にとって、申し訳ないが特急列車は〝格下〟になってしまうのだ。

何度か短い眠りに落ち、目が覚めるたびに「俺、さっきまで貨物列車に乗っていたんだよな……」と思い返してはニヤニヤするのだった。

コンテナ貨物取扱量全国第二位の「札幌タ」

十四時二十八分、新札幌駅に到着。タクシーで札幌貨物ターミナル駅（「札幌タ」）に向かう。

札幌駅からJR千歳線で新千歳空港に向かう時、平和駅を過ぎて旭川に向かう函館本線と分岐する直前の右側に広がるのが「札幌タ」だ。敷地面積五十五万二千四百五十九平方メートル、九本の着発線と九面九線のコンテナホーム、三両の入換専用機関車、二台のトップリフターを含む二十七台の荷役機械を擁し、道内だけでなく隅田川駅や名古屋貨物ターミナル駅、大阪貨物ターミナル駅などに向けて一日二十四本の貨物列車が、ここを始発として走っている。

ちなみに、当駅から福岡貨物ターミナルに向けて走る第二〇七〇～三〇九九～九九列車は、ここを午前一時五十三分に発車し、終着「福岡タ」に着くのは翌日の二十時四十八分。走行時間は約四十三時間、走行距離二千百四十キロに及ぶ日本最長距離列車だ（逆向きの「第九八～三〇九八～二〇七一列車」は、「福岡タ」を二十一時四十一分に出発して終着「札幌タ」に着くのは翌々日の午前十一時七分で、走行時間は約三十七時間）。

コンテナ貨物取扱量で「東京タ」に次ぐ全国第二位の実績を誇る「札幌タ」に、三〇五九列車が到着するのは十四時四十六分。我々が乗って来た「北斗9号」は、どこかで三〇五九列車を追い抜いているのだが、断続的に居眠りをしていた記者は、その瞬間を見逃してしまった。調査団員として痛恨の極みである。

十七時間五十分の鉄路の旅

「札幌タ」では、同駅副駅長の伊藤信貴さんが出迎えてくれた。伊藤さんの運転する車で、三〇五九列車が到着するコンテナ二十四番線に移動して待っていると、ほどなく苫小牧方からDF200形式ディーゼル機関車に牽かれた三〇五九列車がやって来た。一旦我々の前を通過すると、それまでの最後尾を先頭にした推進運転でコンテナ二十四番線に入線してきた。函館貨物駅と「札幌タ」で二度スイッチバックをしているので、結果としてこの時の編成は隅田川駅を出た時と同じ向きになっていた。

我々の目の前に、「文藝春秋」十月号が積まれているはずの十二フィートコンテナ「19G−21584」を載せた貨車が停車する。じつに千二百二十三・三キロ、十七時間五十分にわたる鉄路の旅を終えたのだ。お疲れさまでした。

早速フォークリフトで持ち上げられたコンテナは、待機していたトラックにそのまま移されて、休む間もなく出発していった。行き先はここから直線距離で一・五キロほどの場所にあるジャパン通商配送センター。ここでコンテナは一晩を過ごし、明日の朝、扉が開けられることになっている。

トラックを見送った我々調査団は、「札幌タ」敷地内に建設中のDPL札幌レールゲートを見学させてもらう。

レールゲートとは、利用するテナント業者や荷主のニーズに応じた独自設計のできるJR貨物の大型物流拠点。貨物駅構内に位置するため、ここを拠点に鉄道を利用すれば集配コスト、二酸化炭素までもが最小限に抑えられる輸送スキームとなる。二〇二〇年、東京貨物ターミナル駅に第一号となる東京レールゲートWESTが誕生し、ここ札幌が第三段目に位置付けられる施設となる。今後全国に開設される予定だという。

三階建ての建物のすべてのフロアに大型トラックがそのまま入れるので、天井も高ければ駐車や荷捌きスペースも広い。すべてが「広大」な設計なので、狭苦しい家に住んでいる記者などはどうしていいのかわからなくなる。とりあえず広いところに行くといつもそうするように深呼吸などしてみるのだが、ちょっと違うような気もする。

「盛りだくさん」にもほどがある一日の終わり

約四十分にわたって北海道の新たな物流拠点を見学した我々は、JR貨物北海道支社総務部の高坂秀和さんの車で白石駅まで送ってもらう。北海道支社に寄る用事がある中村さんとはここで別れて、記者はタクシーで札幌ドームに向かった。

この夜は北海道日本ハムファイターズとオリックス・バファローズの公式戦がナイトゲームで組まれている。ファイターズはこの翌年(二〇二三年)、北広島市に完成するエスコンフィールド北海道に本拠地を移す。記者はまだ札幌ドームに行ったことがないので、ここで行われるプロ野球の試合を観ておこうと思ったのだ。

初めて入る札幌ドームは、いつも行く神宮球場とはまるで異なる近未来的な空間だった。何だか落ち着かない。いつもの癖で一塁側内野席最上段の席を取ったのだが、この日は内外野ともに空席が目立ち、中段より上の席に座る客はほとんどいない。その急峻な階段を登るだけでも一苦労で、ビール売りの諸嬢も、他に客がいれば登って来てもくれるのだろうが、記者一人のために何十段もの階段を登り降りするのは効率も悪いのだろう。何となくこちらとは目を合わせたくない雰囲気を感じるので、こちらとしても遠慮してしまう。長年野球観戦をしてきたが、ビールを買うのに遠慮したのは初めての経験だ。

仕方ないので一度だけ売店に出向いてビールを買ってきたが、自分の席に戻るだけで疲れてしまった。

五回オモテあたりからトイレに行きたくなったのだが、トイレに行った後、またこの階段を登ってくるのはあまりにもつら過ぎる。七回ウラまで観たところで尿意が限界に達したので、それ以上の観戦続行は断念し、トイレ経由で大通公園前の予約してあるホテルへと向かった。

午前四時四十五分に起床して、貨物列車に乗って津軽海峡をくぐり抜け、特急列車で札幌市内に移動し、お目当てのコンテナが積み換えられるシーンと最新の貨物積み換え施設を見学し、オマケにプロ野球のナイトゲームまで観戦するという、「盛りだくさん」にもほどがあるだろうという一日がようやく終わった。

一日半ぶりの対面

九月八日木曜日。

ホテルを六時四十五分に出た記者は、大通駅から札幌市営地下鉄東西線で新さっぽろ駅に向かった。中村さんと七時二十分に待ち合わせ、バスで厚別区大谷地にあるジャパン通商配送センターに向かう。

ここは出版各社から送られてきた書籍を、書店ごとに選り分けて発送する「最終集積地点」。翌日が発売日の書籍を前日に仕分けして、その日のうちに各書店に向けて発送する。「文藝春秋」は毎月十日発売なのだが、今号は九月十日が出版輸送トラックの休日にあたるため、九日発売に繰り上がっている。そのため、前日の九日にこの配送センターから市内の書店に送り届けられることになるのだ。

下車したバス停から若干の彷徨を経て現地に着いたのが七時四十分。トラックが発着する積み下ろし場に、レンガ色の十二フィートコンテナが鎮座している。我々が追跡してきた「19G−21584」だ。この中に、明日全国一斉発売される「文藝春秋」十月号をはじめとする様々な書籍が収められているのだ。

同配送センター所長の森渉氏から会社の概要をお聞きして、コンテナの前に移動する。普段はそんなこともないのだろうが、今日は我々がカメラを構えているので、何となく「儀式」とか「式典」のような雰囲気があたりに漂う。JR貨物が所有するだけでも全国に六万二千九百四十五個(二〇二三年四月現在)もある鉄道コンテナの中で、ここまで熱い視線を送られるコンテナはきわめて珍しい(熱い視線を送っているのは私と中村さんの二名だけだが)。もし「19G−21584」に「きかんしゃトーマス」のような顔が付いていたら、きっと満面の笑みを湛えていることだろう。

封印環が外され、扉が開く。おととい、ツクツクボウシが鳴く埼玉県上尾市で閉じられたコンテナの内部に札幌市厚別区の明るい陽光が差し込み、北の大地の清らかな冷気が流れ込む。

「では、取り出します」

森さんの合図で、コンテナの中に積まれていた書籍の梱包が、二人の作業員の手によって、一つずつ丁寧にローラーコンベアに載せられていく。上尾で積み込む際に、「撮影しやすいように」との配慮から「文藝春秋」十月号は一番最後に積み込まれたので、下ろす際には一番最初に出てきた。一日半ぶりの対面は、何だか照れ臭い。

コンテナから下ろされた書籍は、送り先の書店ごとに手際よく仕分けされていく。「文藝春秋」は一つの梱包が十六冊で構成されており、我々のゴール地点であるＭＡＲＵＺＥＮ＆ジュンク堂札幌店には五つの梱包、つまり八十冊が送られることになっている。

その八十冊を含む同書店行きの書籍は、市内の同じエリアの書店に配本される書籍と一緒に、今度はいすゞエルフの二トン車に積み込まれ、各書店に向けて出発していった。

ゴールに到着した「文藝春秋」

ジャパン通商配送センターを出発したトラックは、市内のいくつかの書店を巡ってＭＡＲＵＺＥＮ＆ジュンク堂札幌店に向かうことになっている。我々調査団は地下鉄で先回りして同店に向かった。

出版界の諸事情を教えてくれた菊地貴子店長。

大通公園から程近い繁華街にある同店は、北海道で最大規模を誇る大型書店。地上四階地下二階、約千六百坪の売り場におよそ七十五万冊の書籍を収め、百九十七万札幌市民の知的欲求に対応している。

午前十時に同店に着いた調査団は、店長の菊地貴子さんから札幌の書籍販売をめぐる諸事情について詳細なお話を伺った。詳細はここでは割愛するが、書店運営のご苦労は想像以上のものだった。そのご苦労のうえで我々が書いて作った雑誌や本が売られていることに、心からの感謝の気持ちを、文藝春秋の関係者として伝えさせていただいた。

十三時二十分。そろそろトラックが到着する時刻になり、我々は店舗一階の搬入口に向かう。ほどなく白いいすゞエルフ二トン車がやって来た。推進運転で搬入口に入庫したトラックの後方扉を開けると、ドライバーと同店のスタッフ二名の三人が、手際よく本を下ろし始める。三段、四段と台車に積み上げられる書籍の梱包。ただ積み上げるだけでなく、その先の搬送中に荷崩れしないように、積み上げる順番や位置取りを瞬時に考えているのだろう。台車ごとに安定した山が築かれていく様は壮観だ。

台車で倉庫に運ばれた書籍は、ここで雑誌や書籍のタイトルごとに仕分けられ、明日の開店前にそれぞれの陳列台に並べられるのを待つのみとなった。

「イクラ丼」か「混載丼」か

空腹を覚えた調査団の二名はＭＡＲＵＺＥＮ＆ジュンク堂札幌店から程近い二条市場に移動し、海鮮丼を食べた。記者は本当はごはんにイクラだけが載っている「イクラ丼」が大好きで、北海道に来るたびにこれを食べようとするのだが、店に入ると店側の強い推薦に屈して、ウニやら甘エビやらが混ざった海鮮丼（貨物用語では「混載丼」）を食べることになる。今回も店側のプッシュに押し切られた形だ。これはこれで美味しいのだが、北海道まで来て本懐を遂げられないのは無念でもある。次回こそイクラだらけのイクラ丼を食べようと心に誓うのだった。

中村さんは一足早く、今夜の飛行機で東京に戻られる。明日の「文藝春秋」十月号の店頭公開は、ヒラ団員の記者一人で見届ける予定だ。

忙しい中ピンチヒッターとして同行してくださった感謝の意味も込めて、軽く打ち上げをやろうということになった。札幌駅近くでもいいのだが、飛行機の時間を気にしながらだと落ち着いて飲めなかろうということで、新千歳空港で飲むことにした。

JR貨物北海道支社に挨拶するという中村さんと一旦別れてホテルに戻った記者は、三十分ほど昼寝してから新千歳空港に向かった。

午後四時に空港内の居酒屋に着き、中村さんを待っていたら、「少し遅れます」との連絡があった。聞けば、「いまどこにいるのかわからない」という。あとで知ったのだが、北海道支社最寄の桑園《そうえん》駅から新千歳空港行きの電車に乗るべきところを間違えて学園都市線に乗ってしまい、「よくわからないところ」に行ってしまったのだ。

「文藝春秋」十月号を平台に並べる松本かおり副店長。

予定より三十分ほど遅れて中村さんが到着した。東京からコンテナを追って札幌に行く——という、普通の人生では経験することのない企画に随行し、慣れない土地で迷子になった中村さんの慰労も兼ねて生ビールを二杯ずつ飲んで旅の疲れを癒やし、東京に戻る中村さんを見送った。

「あとがき」に代えて

翌朝（九月九日金曜日）。朝八時十五分にホテルをチェックアウトした記者は、徒歩でMARUZEN&ジュンク堂札幌店に向かった。同店の開店時刻は十時だが、その前に「文藝春秋」十月号が店頭に並べられるところを見届けたい。店長の菊地さんに挨拶し、同店副店長の松本かおりさんが一階の雑誌コーナーに十月号が積まれていく様子を見学した。

一冊一冊、カドや表紙を傷つけないように丁寧に積み上げられていく「文藝春秋」十月号。記者がこの雑誌で原稿を書くようになって十五年以上になる。それだけに、編集部員の苦労もよく知っている。十数人の編集部員は、少しでもいい記事、読者に役立つ記事、面白い記事になるよう、妥協することなく全力でこの分厚い雑誌を作っている。

編集部員だけではない。カメラマンや校閲部、営業担当、管理部門、そして我々外部記者も含めてこの雑誌に関わるすべての人間が、愛情を込めて作り上げた大切な雑誌である。その作業工程はまさに「命を削って雑誌を作る」という表現がぴったりなのだ。

そんな作り手の努力と苦労を知っているだけに、松本さんの丁寧な本の取り扱いがしみじみとうれしくなるのだ。

松本さんだけではない。トーハン上尾センターからMARUZEN&ジュンク堂札幌店まで、じつに多くの人たちの「丁寧な取り扱い」を経て、「文藝春秋」十月号はやって来たのだ。上尾から隅田川駅まで運んでくれた日通のドライバー、第三〇五九列車を運転してきた七人の運転士、「札幌タ」からジャパン通商配送センターまで運んでくれたコンテナ集配トラックのドライバー、最後の仕分けをしてくれたジャパン通商の皆さん、書店まで運んでくれたいすゞエルフのドライバー、店頭に並べてくれた書店の皆さん、そして隅田川駅と「札幌タ」でのコンテナ積み下ろしをしてくれたフォークリフトのオペレーターや、列車の運行に関わるすべてのJR貨物の職員の不断の努力があって、東京で作られた雑誌が札幌の読者の手に渡るのだ。

「物流」とはよく言ったもので、川上から川下まで、まさに「流れるように」モノが運ばれていく。作り手は川上だけ、消費者は川下だけに目が行きがちだが、その中間で、流れが滞らないための取り組みに努力を惜しまない人たちがいることを、この目で見て知ることができ、滅多なことで感動しなくなっている記者も、胸に迫るものを感じたのだった。

◇

胸に迫ると言えば、この本の出版にあたって、じつに多くの方々から並々ならぬご協力をいただいたことも書いておきたい。あまりに多すぎて全員のお名前を出すことができないのが残念だが、日本貨物鉄道株式会社代表取締役会長の真貝康一さん（取材時は社長）、日本物流団体連合会理事の山田哲也さん（取材時はJR貨物広報室長→広島支店長）、JR貨物・東北ロジスティクス代表取締役社長の市川寛さん（取材時は日本貨物鉄道広報室長）、日本貨物鉄道環境事業室サブリーダーの中村玲香さん（取材時は広報室）、同広報室サブリーダーの稲垣篤史さんには、取材だけでなく、原稿確認でも多大なるご協力を仰いだ。みなさんのご理解とご協力なくしてこの本が生まれることはなかった。最大限の感謝を伝えたい。

また、つねに著者に激励の言葉をかけ、編集作業のみならず現地撮影にも立ち会ってくれた文藝春秋編集委員の吉地真さん、『月刊文藝春秋』編集部統括次長時代にこの企画のきっかけを作ってくれた現『Number』編集長の中村毅さん、ウェブでの記事掲載に尽力してくれただけでなく、添乗取材にも同行してくれた『文春オンライン』編集長の池澤龍太さん、新鶴見操車場から東京貨物ターミナル駅への添乗取材の撮影をしてくれた同写真部の山元茂樹さんとカバー写真を撮ってくれた杉山秀樹さん、貴重な休日に取材に同行し、面倒な作業を手伝ってくれた同ビジネス部の川本悟士さん他、本当に多くの方々のサポートがあってこの本は誕生した。

本当にありがとうございました。

◇

菊地さんと松本さんにお礼を述べて書店を出た記者は、真っ青に晴れ渡った札幌の街をぶらぶら歩いてJR札幌駅に向かい、地下で味噌バターラーメンを食べてから新千歳空港に向かった。

空港の、昨日中村さんとビールを飲んだ居酒屋で、今日は一人で生ビールを飲みながら、持参した文庫本を読んでいたら読み終えてしまった。帰りの飛行機で読むものがなくなってしまったので、空港内の書店で「文藝春秋」十月号を購入した。どうせ買うならお世話になったMARUZEN&ジュンク堂札幌店で買えばよかったのだが、まあ仕方ない。

記者の所有物となったこの雑誌も、三〇五九列車に積まれたコンテナ「19G－21584」

でおととい北海道にやって来たのだ。記者に買われてしまったばかりに、札幌滞在わずか二日で東京にトンボ返りすることになってしまった。すまぬすまぬ。

トンボといえば、中中沢踏切から青函トンネル近くまで機関車のワイパーに引っかかったまま移動したトンボはその後どうなったのだろう……。

ほんの二日前のことなのに、ずいぶん昔の出来事のような気がした。

(初出「文春オンライン」二〇二三年二月二十三日。登場人物の肩書きは当時のもの)

装丁　観野良太

写真　山元茂樹
杉山秀樹
川本悟士
長田昭二
髙坂秀和
日本貨物鉄道株式会社

長田昭二（おさだ しょうじ）

1965年、東京都生まれ。日本大学農獣医学部卒業。新聞社、出版社勤務を経て、2000年からフリー。「文藝春秋」「週刊文春」「文春オンライン」「夕刊フジ」などで医療記事を中心に執筆。日本医学ジャーナリスト協会会員。日本文藝家協会会員。著書に『あきらめない男 重度障害を負った医師・原田雷太郎』（文藝春秋）。

貨《か》物《もつ》列《れっ》車《しゃ》で行《い》こう!

2024年4月10日　第１刷発行
2024年8月30日　第２刷発行

著　者　長《おさ》田《だ》昭《しょう》二《じ》

発行者　大松芳男

発行所　株式会社 文藝春秋
〒102-8008 東京都千代田区紀尾井町3-23
TEL 03（3265）1211（代）

印刷所　理想社

付物印刷　理想社

製本所　大口製本

Printed in Japan
ISBN 978-4-16-391828-0